Tina Willms | **Zwischen Stern und Stall**

Tina Willms

Zwischen Stern und Stall

Ein Begleiter durch die Advents- und Weihnachtszeit

Andachten, Gedichte und Gebete

neukirchener

MIX
Papier aus verantwortungsvollen Quellen
FSC® C014138
FSC
www.fsc.org

Bibliografische Information der Deutschen Nationalbibliothek:
Die Deutsche Nationalbibliothek verzeichnet diese Publikation in der Deutschen Nationalbibliografie; detaillierte bibliografische Daten sind im Internet über http://dnb.d-nb.de abrufbar.

6. Auflage 2021

Umschlaggestaltung: Agentur 3Kreativ, Essen, unter Verwendung eines Bildes von © Shutterstock/Nagib und Shutterstock/mescal
Lektorat: Lea Omers, Duisburg
DTP: Breklumer Print-Service, www.breklumer-print-service.com
Verwendete Schrift: Sansation, Bembo
Gesamtherstellung: Finidr, s.r.o.
Printed in Czech Republic
ISBN 978-3-7615-6752-4

www.neukirchener-verlage.de

Inhalt

Vorwort

Die Adventszeit löst in mir gemischte Gefühle aus. Einerseits freue ich mich darauf, mich zu besinnen und Gott zu erwarten: mit einem Adventskalender; mit Licht, das in die Dunkelheit wächst; mit der Erinnerung an die Weihnachtsgeschichte, die mir immer wieder das Herz öffnet.

Und gleichzeitig empfinde ich einen Überdruss, wenn ich an die Hektik und Überfülle dieser Zeit denke. Ich spüre, dass sie einen Stress und Erwartungsdruck hervorbringt, dem ich mich kaum entziehen kann.

Als ich gefragt wurde, ob ich mir vorstellen könne, ein Andachtsbuch zum Advent zu schreiben, stritten diese Gefühle in mir. Und ich fragte mich:

Lässt sich mit Texten zur Advents- und Weihnachtszeit ein ganzes Buch füllen? Ist nicht das, was über den Advent zu sagen wäre, schnell gesagt?

Werden nicht sowieso oft eher zu viel als zu wenig Worte gemacht? Lässt sich überhaupt noch Neues entdecken?

Ich überlegte einige Tage lang, was mir zum Thema „Advent" einfällt. Schnell füllten zwölf Themen ein Blatt. Und bald fanden sich Ideen zu diesen Themen. Mehr als genug, wie mir schien.

Am Ende stand das Gefühl: Ich bin noch lange nicht fertig mit dem Advent.

Wenn ich genau hinschaue, zieht das Thema immer weitere nach sich, und diese öffnen wiederum Türen zu neuen Ideen.

Die Arbeit an diesem Buch ließ mich erleben, wie ein einziges Thema in die Tiefe der Welt zieht, und ich begann neu zu staunen über die Unerschöpflichkeit des Lebens, über seine Vielfalt an Fragen, Ideen, Formen und Gestalten. Eine Ahnung von der Größe des Gottes, der als kleines Kind in unsere Welt kommt, überkam mich und ließ mich staunen.

Das Buch bildet diesen Prozess ab. Manches mag den einen zu heil erscheinen, anderes wird andere provozieren. Manches lädt ein zu Stille und Meditation, anderes regt zum Weiterdenken oder zum Handeln an.

Vielfältige Formen sind zu finden: Andachten und Kurztexte, Gedichte und Gebete, satirische Texte und Segenswünsche.

Es wäre schön, wenn das Buch Sie durch die Adventszeit begleiten dürfte. Und noch schöner wäre es, wenn Sie Eigenes hinzufügen, was Sie in dieser besonderen Zeit entdecken und bewahren möchten.

Für mich steht nach der Arbeit an dem Buch neu die Entdeckung: Es ist ein Glück, leben zu dürfen in dieser unerschöpflichen Welt, ihren Reichtum zu ergründen, in dem sich Gottes Liebe zur Vielfalt widerspiegelt, und sie mit gestalten zu dürfen, indem ich mich orientiere am Mensch gewordenen Himmelskind.

Es war ein Glück, dieses Buch zu schreiben.

Hameln, im Juli 2015

Tina Willms

Vorwort
zur überarbeiteten Neuauflage

Beim Schreiben des Buches „Zwischen Stern und Stall" wurden mir die Augen neu geöffnet für die Unerschöpflichkeit des Advents, ja, überhaupt des Lebens. Auch fünf Jahre später merke ich: Ich werde nicht fertig mit dem Advent.

Und so freue ich mich, dass dieses Buch nun in einem neuen Gewand erscheint. Zahlreiche Texte sind hinzugekommen, einige der „alten" mussten aus Platzgründen weichen. Außerdem wurde das Buch sprachlich noch einmal überarbeitet, und, wo nötig, aktualisiert. Gebete und Segenswünsche haben Überschriften bekommen, durch die sie besser erkennbar werden als vorher.

Der Gedanke, Sie als Leser*innen durch die besondere Zeit zwischen Stern und Stall begleiten zu dürfen, erfreut und berührt mich zugleich.

Eine gesegnete und erfüllte Advents- und Weihnachtzeit wünsche ich Ihnen!

Hameln, im Juni 2020

Tina Willms

Sich vorbereiten

Advent

Glanz von weither
fällt auf die Tage.
Sie beginnen
zu schimmern.

Ein besonderer Adventskalender

> Machet die Tore weit und die Türen in der Welt hoch, dass der König der Ehre einziehe!
> *PSALM 24,7*

Einmal hatte unser Sohn einen besonderen Adventskalender. Er hatte keine Türen, sondern bestand aus 24 kleinen Büchlein, eines für jeden Tag bis zum Heiligen Abend.

In der Abenddämmerung zündete ich die Kerzen auf unserem Adventskranz an und wir machten es uns bei Tee und Plätzchen gemütlich. Dann lasen mein Mann oder ich vor. Märchen, Gedichte, Geschichten, immer über die Advents- und Weihnachtszeit. Eine Geschichte etwa handelte von Kindern, die am Heiligen Abend ihr Festessen für eine arme Familie hergeben und ihr so Liebe und Freude schenken.

Und da fand sich auch manches wieder, was ich schon lange vergessen hatte. Die alten Gedichte, die ich in der Schulzeit auswendig gelernt hatte: „Holler Boller Rumpelsack" oder „Denkt nur, ich habe das Christkind gesehn". Jetzt entdeckte ich diese Schätze noch einmal neu. Mit ihnen kam ein Stück eigene Kindheit zurück. Und wir erzählten plötzlich von damals.

So blieben wir nach dem Vorlesen oft noch eine ganze Weile auf dem Sofa sitzen und sprachen über die Gedichte, Erzählungen, Geschichten. Über das, was Weihnachten bedeutet. Manchen Text lasen wir ein zweites Mal.

Obwohl der Adventskalender keine Türen hatte, kam es mir vor, als habe er in mir Türen geöffnet. Denn als ich schließlich am Heiligen Abend das Büchlein mit der Weihnachtsgeschichte vorlas, fühlte ich mich anders auf das Fest vorbereitet als sonst.

Ich hatte nicht nur Geschenke gekauft, Plätzchen gebacken, den Baum geschmückt. Nein, ich war trotz aller Hektik auch zur Ruhe gekommen. Und hatte gemeinsam mit meiner Familie darüber nachgedacht, was an Weihnachten wirklich wichtig ist. Es war, als hätten sich in diesen Minuten auf dem Sofa nicht nur die kleinen Bücher geöffnet, sondern auch mein Herz. Für Gott, der am Weihnachtsfest als Kind zur Erde kommt – auch zu mir.

Türen öffnen

Adventszeit. Zeit, um Türen zu öffnen.
Die des Adventskalenders.
Und die des Herzens.
Gott einziehen lassen in mein Leben.

Anderen Menschen freundlich begegnen.
Zeit verschenken. Aufmerksam sein.
Für einen guten Zweck spenden.
Mich interessieren für die Welt.

Wie im Märchen

Ein bitterarmes Mädchen bekommt einen Zaubertopf geschenkt. Wenn man sagt: „Töpfchen, koche!", so kocht es süßen Hirsebrei. Wenn man sagt: „Töpfchen, steh'!", so hört es zu kochen auf. Nun können das Mädchen und seine Mutter sich an jedem Tag satt essen und müssen nicht länger hungern.

Eines Tages, als das Mädchen ausgegangen ist, befiehlt die Mutter: „Töpfchen, koche!" Doch als sie satt ist, hat sie vergessen, wie der Befehl lautet, der den Topf zum Aufhören bringt. Und so kocht und kocht das Töpfchen weiter; der Brei quillt über und füllt das ganze Haus, um dann weiter auf die Straße zu fließen.

Als das Mädchen nach Hause zurückkehren will, kommt ihm die süße Masse träge entgegen. Entsetzt ruft es: „Töpfchen, steh'!"

Zwar hört der Topf auf zu kochen, doch in die Stadt führt kein Weg mehr, es sei denn, man isst sich durch den süßen Brei hindurch.

Manchmal komme ich mir in der Adventszeit vor wie in diesem Märchen. Als sei das Zauberwort abhandengekommen, das ein „Genug" anzeigt und so das „Mehr und Mehr" beendet, das mich in dieser Zeit bedrängt:

Die Geschenke – so scheint mir – werden immer größer und immer aufwendiger verpackt, die Plätzchenrezepte vielfältiger, die Weihnachtsfeiern ausufernder und die Dekorationen nehmen ein nahezu absurdes Ausmaß an.

Mir scheint, es gibt keinen Weg zum Weihnachtsfest an all dem vorbei. Ich fühle mich manchmal vollgestopft, überrumpelt oder gar überrollt davon. Die Musik auf dem Weihnachtsmarkt empfinde ich dann als Gedudel, die glitzernde Überfülle der Lichter blendet mich, und der Andrang in den Geschäften macht mich aggressiv.

Und es kommt – anders als im Märchen – niemand, um ein Zauberwort zu sprechen, das den Überfluss beendet, der zum Schrecken geworden ist.

Wie gut, wenn ich mich darauf besinnen kann, dass ich es bin, die die Adventszeit gestalten kann. Ich selbst habe das Zauberwort in mir.

„Halt!“, könnte es heißen, „Weniger ist mehr“ oder „Es kommt auf den Inhalt an, nicht auf die Verpackung“.

Ich denke an das erste Weihnachtsfest. Armselig ging es dort zu. Und doch war alles da, was notwendig war. Gott beschenkte die Welt mit sich selbst.

Dieses Geschenk gleicht eher einem Schwarzbrot oder einem Apfel als süßem Brei. Es ist eher nahrhaft als klebrig süß und macht eher kraftvoll als dick.

Gott bedrängt und überrollt mich nicht. Er beschenkt mich mit sich selbst. Er teilt seine Träume mit mir. Sein sanftes Licht steckt mich an. Seine Liebe erfasst mich und macht mich selbst zu einer Liebenden.

Ein Sehnen nach dir

Gott, Geheimnis der Welt,
um mich ist es nicht dunkel,
um mich ist es viel zu hell.
Auch still ist es nicht um mich,
sondern oft viel zu laut.

Dein Licht hat es schwer,
mich zu erreichen,
und deine Stimme dringt
kaum noch durch zu mir.

Weck in mir neu
ein Sehnen nach dir:
nach deinem Licht,
das die Welt erhellt,
nach deinem Wort,
das ins Leben ruft.

Laufschritt

Ich wünsche dir einen, der dich aufhält,
wenn du in den adventlichen Laufschritt fällst.
Er stelle sich in deinen Weg, freundlich, aber bestimmt,
sodass du innehalten und zu Atem kommen kannst.

Ich wünsche dir einen, der den Ton leise dreht,
wenn es um dich oder in dir lärmt und brummt.
Er öffne dein Ohr, damit du unter all den Geräuschen
die Stimme des Engels vernimmst, der von Freude singt.

Wie soll ich dich empfangen?

„Wie soll ich dich empfangen und wie begegn' ich dir?"

So fragt der Dichter Paul Gerhardt Gott selbst in einem Lied. In seiner anschaulichen und kraftvollen Sprache denkt er darüber nach: Wie könnte ich, ein ganz normaler Mensch, dich willkommen heißen? Dich, den unbegreiflichen Gott, nach dem die Welt sich sehnt, und der als kleines Kind zur Erde kommt?

Schon 1653 erschien das Lied in einem Gesangbuch des Kantors Johann Crüger, der auch die Melodie dazu komponiert hat. Johann Sebastian Bach nahm es – allerdings mit einer anderen, älteren Melodie – in sein Weihnachtsoratorium auf. Und bis heute gibt es wohl kaum eine Kirchengemeinde, in der dieses Lied nicht mindestens einmal in der Adventszeit gesungen wird.

Dass dieses Lied immer noch berührt, hat wohl damit zu tun, dass Paul Gerhardt selbst bewegt war von dem, was er dichtete. Zwar lässt sich nicht mehr genau nachvollziehen, was er gedacht und assoziiert hat. Aber aus seinem Lebenslauf ist manches bekannt, das den Hintergrund ausleuchtet, vor dem seine Lieder entstanden sind.

Paul Gerhardt wurde 1607 geboren und ist 1676 gestorben. Fast 70 Jahre hat der Dichter auf der Erde gelebt, davon waren 30 Jahre geprägt vom Krieg und dem, was er mit sich brachte: Elend und Armut, Pest, Pocken und Ruhr. Im Alter von 12 Jahren verlor Paul Gerhardt seinen Vater, nur vier Jahre später starb auch seine Mutter. 1655 heiratete Paul Gerhardt Anna Maria Berthold. Vier der fünf Kinder, die das Paar bekam, starben im Kindesalter. Auch Anna Maria starb vor ihrem Mann, im Jahr 1667.

Es würde niemanden verwundern, wenn ein Mensch, der so viel Leid gesehen und Schweres erlebt hat, den Glauben an Gott verlöre. Umso erstaunlicher ist es, auf welche Weise Paul Gerhardt in seinem Adventslied von Gott spricht:

Nichts – so dichtet er – unterlässt Gott, um uns Menschen zu trösten, er beschenkt uns mit unvergänglichem Reichtum, und er umfängt uns zärtlich und fest in allem, was uns widerfährt.

Wenn ich das Lied singe oder lese, trage ich mich selbst ein mit meinen Gedanken und Gefühlen. Tiefgehend ist der Trost, den Paul Gerhardt über Jahrhunderte hinweg weiterreicht: Er berührt mich bis heute. Ich ahne, dass Gott uns Menschen nicht ins Elend stürzt, sondern, im Gegenteil, bei uns ist, wenn wir leiden müssen. Er umhüllt uns mit seiner Liebe, die ihn – so Paul Gerhardt – vom Himmel zu uns heruntergetrieben hat.

Die besorgte Frage am Beginn des Liedes verwandelt sich am Ende in Vertrauen. Aus dem „Wie soll ich dich empfangen?" wird ein Staunen über die Liebe, mit der Gott uns umgibt und hält.

Nicht wir sind es, die sich verausgaben müssen, um Gott gebührend zu empfangen. Gott hat die Welt schon längst umfangen, ihr Glück, ihren Schmerz. Er hält sie in seinen Armen, als Liebender.

Vor der Tür

Die Liebe
war es.
Sie hat ihn
aus dem Himmel
zur Erde getrieben.
Menschenleid
hat das Herz
ihm zerrissen.

Die Liebe
war es.

Sie hat
seinen Traum
leise auferweckt.

Da kam er,
um unter uns
die Welt
zu verändern.

Die Liebe
war er.

Und er ist
und er bleibt
und klopft als Hilfe
an unsere Tür.

Die Hilfe vor der Tür

Was ist heute hinter der Tür? Einen Moment hält er inne, spürt sein Herz klopfen. Er stützt sich auf seinen Stock, dann drückt er sachte die Klinke hinunter und betritt das Zimmer. „4711" hängt im Raum, nur ein Hauch. Sie sitzt im Sessel, es scheint einer der besseren Tage zu sein.

„Hallo, mein Schatz", sagt er, „wie geht es dir heute?", und schaut in ihre Augen. Wasserblau sind sie, immer noch. Sie sieht ihn an, fremd, als müsse sie weit zurückgehen in die Erinnerung. Er nimmt ihre Hand, streicht darüber. Worte sind gar nicht nötig, denkt er.

Auf dem Tisch steht ein Adventsgesteck. Er stellt ein paar Spekulatius dazu und legt eine CD mit Adventsliedern in den CD-Player. Gemeinsam hören sie eins ihrer Lieblingslieder: „Wie soll ich dich empfangen und wie begegn' ich dir?"

Früher hat sie das immer gemacht: die Wohnung adventlich geschmückt und mit der Familie jeden Sonntag die Kerzen angezündet. Manchmal haben sie Adventslieder gehört. Sie hat sogar oft mitgesungen.

Er reicht ihr einen Spekulatius. Das Essen fällt ihr schwer. Immer wieder fallen Krümel aus ihrem Mund. Er wischt sie weg mit seinem karierten Taschentuch.

„Weißt du noch, wie wir früher mit den Kindern um den Adventskranz gesessen haben?", fragt er. „Deine Zimtsterne waren immer so lecker." Es scheint ihm, als wolle sie lächeln.

„Seid unverzagt, ihr habet die Hilfe vor der Tür", singt der Chor im Hintergrund. Er denkt daran, wie er jeden Tag vor ihrer Tür steht. Er fühlt sich oft so hilflos. Unverzagt zu sein, das ist gar nicht so einfach ...

Und doch, das ist ein schöner Gedanke: Seid unverzagt, ihr habet die Hilfe vor der Tür. Dort steht einer, der mit ihm das Zimmer betritt. Einer, der hilft und ihm das Herz stärkt. Das brauche ich, denkt er. Und sie wohl auch. Das verbindet uns miteinander.

Dann nimmt er die Streichhölzer und zündet die Kerzen an. Zwei Kerzen für den zweiten Advent. Eine für dich und eine für mich, denkt er.

(Tina Willms, Erdennah – Himmelweit. Ein Jahresbegleiter zu den Wochensprüchen.

Gegenbild

Gott, sei uns Gegenbild,
unterbrich heilsam
unsere Gewohnheiten,
sprich dein Freiheitswort
in die alltägliche Zeit.

Irritier unsere Geschäftigkeit
durch unvergessliche Augenblicke,
die wir uns nicht
verdienen müssen.

Widersetz' dich unserer Gleichgültigkeit
und sieh' unsere Herzen an;
brich mit anrührender Geste auf,
was hart und verkrustet ist.

Wende gegen unser Verzagen
gelassen deine Beharrlichkeit ein –
wie eine Randbemerkung,
die doch das Wesentliche trifft.

Gott, sei uns Gegenbild,
damit wir dein
Ebenbild werden.

Zärtlich

In die Nacht
ein Licht denken
wärmende Worte sagen
in graue Tage.

Den Sorgen
über die Stirne streichen
einen Mantel legen
um die Angst.

Die Sehnsucht aushalten

Die offene Tür zum Himmel

> Träufelt, ihr Himmel, von oben, und ihr Wolken, regnet Gerechtigkeit!
> *JESAJA 45,8*

Die Adventszeit rüttelt in mir die Sehnsucht nach dem Himmel wach. Einerseits duftet es im Haus, Kerzen leuchten und ich höre die vertrauten Lieder, von Liebe und Frieden erzählen sie. Andererseits abends die Nachrichten: immer noch hungernde Menschen in Afrika. Wieder ein Terroranschlag im Nahen Osten. Immer noch, immer wieder die Bilder von Menschen, die verzweifelt oder traurig sind.

Gerade im Advent kann ich das manchmal kaum aushalten. Da sehne ich mich nach einer heileren Welt. Und manchmal wünsche ich mir einen, der von oben her eingreift und alles anders werden lässt!

So muss es auch dem gegangen sein, der ein altes Lied aus dem Gesangbuch gedichtet hat, Friedrich Spee hieß er. Er fragt verzweifelt: „Wo bleibst du, Trost der ganzen Welt?“ Und schreibt in einem Gesangbuchvers: „Oh Heiland, reiß die Himmel auf, herab, herab vom Himmel lauf, reiß ab vom Himmel Tor und Tür, reiß ab, wo Schloss und Riegel für“ (EG 7).

Ich finde mich wieder in diesen ungeduldigen Worten. Ja, mein Gott, wo bleibst du denn? Nun reiß doch den Himmel endlich auf! Komm, tröste uns und bring den Himmel zur Erde.

Aber so ist es nicht. Gott verändert die Welt nicht durch einen Himmelsriss oder gar durch Gewalt. Er wählt einen leiseren, sanften Weg. Er öffnet fast heimlich die Tür zum Himmel und schickt seinen Sohn auf die Erde – als kleines Baby. Und wenn ich dann die Geschichten aus dem Neuen Testament lese, begreife ich: Dieser Jesus lässt mich einen Blick durch die Himmelstür werfen. Ich sehe, wie es dort zugeht: Traurige werden getröstet, Kranke geheilt und Tote lebendig. Böses in uns Menschen wird gut und Streitende schließen Frieden.

So legt er mir diese Sehnsucht nach dem Himmel ins Herz. Und wenn sie müde ist, rüttelt er sie wach. Gerade jetzt im Advent. Denn sie soll im Herzen brennen, auch wenn ich es manchmal kaum aushalten kann. Die Sehnsucht nämlich verändert mich: Sie lässt mich mit anderen mitfühlen. Und sie macht mich bereit, ihnen das zu schenken, was sie brauchen: Freundlichkeit und Liebe oder Zeit und Geld. Damit auch sie einen Blick in den Himmel werfen, dessen Tür Gott für uns geöffnet hat.

Ansteckend

Menschgewordener Gott,
du hörst das Seufzen der Welt
und empfindest den Schmerz der Erde,
du siehst unser Sehnen nach Erlösung.
Wir sind dir nicht egal.

Steck uns an mit deiner Liebe,
damit auch wir
nicht gleichgültig werden
gegenüber den nahen Nachbarn
und den fremden Fernen.

Lass uns durch dich
zu Geschwistern werden,
die sich umeinander sorgen
und füreinander einstehen
in Menschlichkeit.

4. Dezember: Barbaratag

An einem Morgen im Dezember ziehe ich mir die dicke Jacke über. Dann nehme ich mir die Rosenschere und trete vor die Tür. In der Nacht hat es geschneit, unberührt liegt der Garten vor mir. Der Schnee scheint alles stiller zu machen. Ich ziehe mir Gummistiefel an und setze den Fuß ins Weiß. Leise knirscht es unter den Sohlen, als ich zum Forsythienbusch gehe. Ich schneide drei Zweige ab, einige Flocken schweben zu Boden.

Einige Male atme ich die frische Luft ein und aus. Dann gehe ich zurück ins Haus, um die Zweige in eine Vase zu stellen. Es ist der 4. Dezember. Barbaratag.

Barbara soll im 3. Jahrhundert nach Christus in Nikomedia gelebt haben. Als sie Christin werden wollte, versuchte ihr Vater, sie mit allen Mitteln davon abzuhalten. Doch Barbara setzte sich durch und ließ sich taufen. Ihr Vater erfuhr davon, brachte sie vor Gericht und ließ sie zum Tode verurteilen.

Die Legende erzählt, dass Barbaras Gewand sich auf dem Weg ins Gefängnis an einem Zweig verhakte. Der Zweig brach, Barbara nahm ihn mit und stellte ihn im Gefängnis in ein mit Wasser gefülltes Gefäß. Am Tag, als das Todesurteil über sie gesprochen wurde, öffneten sich die Blüten des Zweigs: Als wolle er widersprechen mit einer leisen, doch deutlichen Stimme.

Der Vater aber hörte diese Stimme nicht. Er selbst soll seine Tochter enthauptet haben. Noch am selben Tag soll er von einem Blitz erschlagen worden sein.

Der 4. Dezember ist der Legende nach Barbaras Todestag. Zweige, die an diesem Tag geschnitten werden und dann in der warmen Wohnung in eine Vase gestellt werden, werden am Heiligen Abend blühen, so sagt man.

Solche Barbarazweige überbrücken eine kalte und dunkle Zeit. Draußen erscheint alles erstarrt. Auch der Zweig ist blattlos und kahl. Eine Veränderung ist viele Tage lang kaum zu erkennen. Nichts zu sehen vom Leben, das sich wieder öffnen wird. Geduld ist gefragt. Beharrlichkeit. Hoffnung gegen den Augenschein. Nicht aufzugeben, auch wenn alles aussichtslos erscheint.

Einmal wird der Zweig blühen. Am Geburtstag des Kindes, von dem es in einem Lied heißt, es blühe selber wie eine Rose: „mitten im kalten Winter wohl zu der halben Nacht" (EG 30).

Barbarazweige

An kargen Zweigen
nähren sich die Knospen
vom sinkenden Licht.

Täglich nehmen sie zu,
wachsen über sich hinaus,
fallen der Kälte
wortlos ins Wort.

Und lassen mich
mitten im Winter
vom Blühen träumen.

Den Möglichkeitssinn trainieren

Ich mag den Konjunktiv.

Er bildet sich in den Lücken der Zeit, zwischen wirklich und möglich, zwischen „nicht mehr“ und „noch nicht“. Er hat das Potenzial, einen anderen Ausgang der Vergangenheit zu fantasieren. Dabei unternimmt er den – zum Scheitern verurteilten – Versuch, die Kehrseite der Medaille zu erkennen, wenn sie bereits auf dem Boden der Tatsachen aufgetroffen ist.

Ja, es stimmt, nichts ist zu ändern an dem, was schon war. Aber die Fantasie begnügt sich ja nicht mit dem, was abgeschlossen ist. Sie ragt hinein in die Zukunft und entwirft ebenso, was noch vor uns liegt. Sie zeichnet ein Bild, wie es werden könnte, und trotzt träumend dem Wissen, dass Entwurf und Wirklichkeit nie deckungsgleich sein werden.

Der Konjunktiv ist das Sprachrohr eines Möglichkeitssinnes, der darauf vertraut, dass die Welt ohne Gegenentwürfe – man könnte sie auch Visionen nennen – ärmer und trauriger sein würde als mit ihnen.

Glaube trainiert jenen Möglichkeitssinn, der den Träumen etwas zutraut und dessen ungestüme Antriebskraft die Sehnsucht ist.

Spaziergang im Advent
(zu EG 7)

Wie in den Halmen des Winterweizens im Gegenlicht die Tropfen glitzern. Als hätte der Himmel es erhört, das alte Gebet, diesen Sehnsuchtsruf: „O Gott, ein' Tau vom Himmel gieß!"

Als sei es möglich, dass die dort wachsenden und reifenden Körner den Hunger der Welt stillen, nach Brot und nach Leben.

Als schöbe die zierliche Frau, die mir entgegenkommt, im Kinderwagen den Ersehnten. Und der Himmel überträfe schon morgen die absurdesten Träume.

Wunschzettel

In den Wochen vor Weihnachten hat das Postamt in Himmelsthür bei Hildesheim alle Hände voll zu tun. Zigtausend Briefe gehen dort jährlich ein, adressiert an den Weihnachtsmann, der, wie die Kinder glauben, dort hinter der Himmelstür wohnt.

Aus aller Welt kommen sie: die Wunschzettel mit den großen und kleinen Kinderwünschen. Ich kann mir vorstellen, wie sie aussehen. Ich erinnere mich selbst noch gut daran, wie ich als Kind meinen Wunschzettel geschrieben habe. In Schönschrift und möglichst ohne einen Fehler. Dann habe ich meistens noch ein paar Bilder daraufgemalt: einen Tannenbaum oder einen Schneemann, Sterne oder Kerzen. Der Weihnachtsmann sollte sehen, wie viel Mühe ich mir gemacht hatte, und sich über die Bilder freuen.

Auch die Auswahl der Wünsche habe ich gut bedacht. Nicht zu viele, denn es sollte nicht unbescheiden wirken. Aber mit zu wenig wollte ich mich auch nicht begnügen, auf gar keinen Fall.

Die Adresse in Himmelsthür kannte ich damals noch nicht. Meine Eltern übermittelten dem Weihnachtsmann meinen Brief.

Wie schön war es doch, als Kind eine Anschrift für seine Wünsche zu haben. Zu wissen, dort kommen sie an, dort werden sie gelesen oder gehört, ja, vielleicht sogar erfüllt.

Dann wurde ich größer, der Weihnachtsmann wurde zur Märchengestalt. Später erfuhr ich, dass das himmlische Postamt auf der Erde bei Hildesheim steht. Menschen beantworten dort die Briefe der Kinder.

Aber eine Adresse für meine Wünsche, die hätte ich immer noch gern.

Wie sähe der Wunschzettel aus, den ich heute, als Erwachsene, schreiben würde? In Gedanken setze ich mich hin und schreibe ihn auf. Manches notiere ich, was ich gern für mich selbst hätte. Einen schönen Schal. Bücher oder CDs. Aber ich merke, dass das gar nicht so entscheidend ist. Wichtiger sind die großen Wünsche, die ich ersehne für die Welt.

Friede auf Erden, notiere ich. Mir fällt die Nacht ein, in der Engel davon ein Lied gesungen haben. Brot für die Welt, schreibe ich auf. Und denke an die Hilfsaktion, die in jedem Jahr am 1. Advent eröffnet wird. Vieles kommt mir noch in den Sinn: dass Kinder ohne Gewalt aufwachsen können, dass kranke Menschen geheilt werden, dass alle Menschen sauberes Wasser zum Trinken haben.

Damit die kleinen Anliegen wahr werden, ist oft nur wenig nötig, handwerkliches Geschick oder der Gang in ein Geschäft. Die großen Wünsche brauchen mehr: Kraft und Fantasie, Mut und vor allem: einen langen Atem.

Ich kann diese Wünsche an Gottes Adresse schicken, als Gebet. Doch zum Erwachsensein gehört auch, anzuerkennen, dass nicht nur er für diese Wünsche zuständig ist. Ich selbst kann dazu beitragen, dass sie wahr werden. Ich will mich anstecken lassen vom Kind in der Krippe, das, groß geworden, Frieden gesät und Brot ausgeteilt, Wunden geheilt und Leben gebracht hat.

Zu träumen wagen

Advent heißt, zu träumen wagen: Dass die Welt eine andere sein könnte. Dass einer Wege aus Licht ins Dunkle bahnt. Dass einer der Erde nicht den Krieg, sondern den Frieden erklärt, bis wir ihn endlich verstehen. Dass einer uns nicht verloren gibt, sondern uns aufsucht, jeden Menschen, auch dich und mich.

(Tina Willms, Dem Frieden hinterher. Inspirationen zur Jahreslosung und den Monatssprüchen 2019.

Der Super-Supermarkt

Ende September im Supermarkt. Gleich am Eingang ist ein Tisch aufgebaut. Der war letzte Woche noch nicht da. Spekulatius sind dort aufgestapelt. Lebkuchen. Christstollen, Schokoladenweihnachtsmänner.

Wieder eine Woche früher als im letzten Jahr. Wenn das so weitergeht, rechne ich aus, werde ich es noch erleben können, dass ich die ersten Weihnachtsartikel im Januar kaufen kann. Spätestens. Dann werden vielleicht neben den Weihnachtsmännern die Osterhasen stehen und gefärbte Eier bei den Christstollen.

Oder ganz anders. Die Jahreszeiten finden nicht mehr draußen, sondern im Supermarkt statt. Für jeden Monat gibt es eine eigene Abteilung. Im Januarabschnitt kann ich Grünkohl kaufen, im Februarregal liegen Pappnasen und Hexenkostüme aus. Aus Lautsprechern tönt Musik, die dazu passt. In der Maiabteilung singt einer Liebeslieder. Und im Oktober, bei den Kürbissen, klingt es melancholisch und herbstlich. Beim Dezember fühlt man sich wie auf dem Weihnachtsmarkt: „Kling, Glöckchen, klingelingeling", „Leise rieselt der Schnee". In der Ecke ist ein immerwährender Tannenbaum aufgebaut, nur die Dekoration wird von Zeit zu Zeit modernisiert.

Endlich nicht mehr dieser Stress in der Adventszeit! Endlich Weihnachten feiern, wenn ich Zeit und Lust dazu habe! Mittwochs oder sonntags, im Mai oder im Oktober, morgens um sechs oder um Mitternacht. Wenn mir danach ist und ich es nötig habe, gehe ich in den Supermarkt. An manchen Tagen haben sie dort sogar einen Weihnachtsmann, der kleine Werbegeschenke verteilt.

Vielleicht könnte ich sogar meinen ersten Wohnsitz dorthin verlegen. Dann müsste ich abends nicht mehr allein im Dunkeln nach Hause gehen. Ich könnte im März oder auch im September im Lehnstuhl sitzen, direkt neben dem glitzernden, immergrünen Tannenbaum. Dort würde ich meinen Enkelkindern von früher erzählen. Als es noch freie Sonntage gab und Weihnachten nur einmal im Jahr stattfand.

„Das glaube ich nicht, Oma", würde ein kleines Mädchen vielleicht sagen und mich mit großen runden Augen anschauen, „das hast du dir doch bestimmt nur ausgedacht!"

Warten üben

Im Advent will ich das Warten wieder einüben. Ich will versuchen, meine Ungeduld auszuhalten.
Und während die Minuten sich dehnen, will ich meiner Sehnsucht folgen. Was wünsche ich mir für mich selbst? Was erwarte ich von Gottes Kommen?
Vielleicht begegne ich meiner Bedürftigkeit. Meiner Verletzlichkeit. Meiner Verzagtheit.
Was wenig Raum hat im Alltag, darf jetzt sein. Und so öffne ich während des Wartens die Tür zu meinem Inneren. Um den zu empfangen, der sein Heil zur Erde bringt. Auch für mich.

Leerstellen

Ich wünsche dir innere Ruhe,
um Pause zu machen
und hin und wieder
nichts zu tun.

Es sind die Leerstellen,
die einen Text lesbar machen,
es ist die Langeweile,
durch die gute Ideen wachsen,
es ist der Schlaf,
der dir Lust macht
auf einen neuen Tag.

Ich wünsche dir Zeiten, die still sind,
in denen Gott dir nahe kommt
und dich erfüllt
mit frischer Kraft.

(Tina Willms, Wo das Leben entspringt. Inspirationen zur Jahreslosung und den Monatssprüchen 2018.

Der Stille lauschen

Von der Stille

> Und der Wind legte sich und es ward eine große Stille.
> *MARKUS 4,39*

Stille, was genau ist das eigentlich? Wie kann ich mir diesen Moment vorstellen, von dem es heißt: „Es ward eine große Stille"?

Stille sei Lautlosigkeit, die Abwesenheit von Geräuschen oder auch der Moment zwischen den Geräuschen, so könnte man meinen. Solche Momente aber gibt es gar nicht. In der Umgebung, in der wir uns befinden, sind immer Grundgeräusche da: Autos fahren auf einer nahen oder entfernten Straße vorbei. Rasenmäher brummen im Sommer, Schneepflüge im Winter, Vögel singen, Kinder schreien und lachen, Hunde bellen. Wären diese Geräusche nicht da, so würden wir unsere eigenen Laute wahrnehmen: den Atem, die Bewegungen, den Blutfluss in uns.

Wenn Stille die vollkommene Abwesenheit von Geräuschen wäre, dann gäbe es sie so gut wie nie. Was aber ist sie dann?

Ich stelle mir vor, dass Stille in einem Prozess entsteht, der in mir selbst stattfindet und der vielleicht mit einer Sturmstillung vergleichbar ist. Was mich bestürmt und in mir lärmt – die äußeren und die eigenen Stimmen, ihre Ansprüche, Ermahnungen, Bewertungen – wird dann ruhig und schweigt. Ich kann einige Momente lang von mir selbst absehen und mich einlassen auf das, was geschieht.

Auf dem Grund einer solchen Stille finde ich manches, was ich mir nicht selbst geben kann. Ruhe, die mich gelassen macht. Die Gewissheit, dass ich getragen bin. Die Einsicht, dass nicht alles an mir hängt. Ehrfurcht vor einer Schönheit, die nicht in menschlichen Händen liegt.

Stille ist eine Weise, Gott zu begegnen. Ich kann sie nicht selbst herstellen, ich habe ihr Gelingen nicht in der Hand. Sie ist ein Geschenk. Ein Geschenk aber, das eine gewisse Grundhaltung und Übung braucht, um wahrgenommen werden zu können. Und so gibt es manches, das eine solche Stille fördert, und mir hilft, hineinzufinden.

Ich kann mir regelmäßig zur selben Stunde am selben Ort eine Weile Zeit dafür nehmen, in der ich ungestört bin. Ich kann eine Kerze anzünden. Manchen Menschen hilft Musik, sich auf eine innere Stille einzulassen. Vor allem aber brauche ich Geduld und Beharrlichkeit, wenn manchmal über lange Zeiten gar nichts geschieht.

Eine Zeit für die Stille gehört zu den kostbaren, von außen betrachtet, nutzlosen Momenten, die sich der eigenen Machbarkeit und dem Effizienzdenken entziehen. Die Adventszeit erscheint mir besonders geeignet, um mit dem Üben anzufangen.

Einladungen zur Stille

Eine Musik, die mir vertraut ist und die ich liebe.
Eine Kerze, ihr ruhiges Licht.
Ein Spaziergang durch Wald oder Feld.
Abenddämmerung, die sich über den Tag legt.
Eine Glocke, die in den Alltag klingt.
Schönheit, die man in Ruhe betrachtet.
Ein Kind, das einschläft.
Ein Bild, vor dem ich verweilen kann.

In der Stille

In der Stille
lass ich mich selber los,
beurlaube, was ich denke,
und beginne stattdessen
zu träumen.

In der Stille
gebe ich aus der Hand,
was ich festhalten wollte,
und spüre die Leere
als Freiraum in mir.

In der Stille
fliegt eine Ahnung
mir zu,
streift durch die Sinne
und erzählt mir
im Flüsterton,
wer ich bin.

Gott zu Besuch

Die Spannung steigt. Und auch der Stress. Der Heilige Abend naht mit großen Schritten. Und trotzdem will alles, was bis zum Weihnachtsfest getan werden muss, erledigt werden.

Für das Patenkind habe ich noch kein Geschenk. Die Fenster müsste ich noch einmal putzen. Eine Freundin fragt, ob ich mitkomme zum Weihnachtsmarkt. Wir haben noch nicht einmal einen Tannenbaum. Und Anisplätzchen wollte ich auch noch backen.

Ich spüre, wie die Liste vor Augen mich atemlos macht. Die Stimmen in mir treiben mich pausenlos an. Los, los, etwas schneller, sonst schaffst du nicht alles.

Einmal durchatmen, sage ich mir. Einmal den Wunsch nach Stille spüren. Worum geht es denn eigentlich?

Dann zünde ich mitten am Tag die Kerzen am Adventskranz an und setze mich einige Augenblicke hin. Ich schaue in eine der Flammen. Ich spüre meinen Atem und meinen Herzschlag.

Ganz still ist es im Raum. Selbst die Gedanken schweigen.

Fast heilig ist dieser Moment. Als komme Gott selbst zu Besuch. Ich vertraue darauf, dass er auch das hört, was ich nicht sage.

Hinterher fühle ich mich gelassener. Die Prioritäten haben sich neu geordnet. An Weihnachten isst man ja oft ohnehin zu viel, denke ich, und verschiebe die Anisplätzchen auf das kommende Jahr.

Momente der Stille aber will ich mir öfter nehmen. Will Gott eine Chance geben, zu mir zu kommen. Genau darum geht es schließlich am Weihnachtsfest.

Freundlicher Blick

Guter Gott,
in der Stille schaust du
mit deinem freundlichen Blick
auf die Welt und auf mich.

In der Stille weckst du
gute Gedanken und kreative Ideen
und füllst mein mattes Herz
mit frischer Kraft.

In der Stille beschenkst du mich
mit versöhnlicher Schönheit
und wendest den trüben Tag
ins Licht.

Am stillen See

Die Sonne ist dabei unterzugehen, und der See spiegelt unruhig ihr schönes Licht. Schwäne gleiten mit anmutig gebogenen Hälsen durchs Wasser und ziehen Schneisen hinein. Über dem See ein unglaublicher Himmel in leuchtenden Farben: Orange, Rosa, Violett, Himmelblau, Türkis.

Auch Anblicke können still sein. Selbst, wenn Geräusche da sind: von den zahlreichen Wasservögeln – Enten, Blässhühnern, Gänsen und Haubentauchern – und vom Wind, der unter die Blätter der Pappeln fährt.

Nur sehen, nur hören, nur spüren, nur sein.

Momente, herausgehoben aus der Zeit. Sie holen einen aus der trübsten Trübsal und der schlechtesten Laune heraus und drehen sie um. In solchen Augenblicken frage ich mich, ob Gott sich beschreiben ließe als der, der die Wendepunkte auslöst, die einen zurückleiten ins Leben.

Spiegelung

Manchmal ist alles
nicht nur gut,
sondern perfekt,
ein Augenblick nur
im Fluss der Zeit.

Ein stiller Moment,
in dem der Himmel
sich spiegelt,
als sei er nur
einen Schritt weit
von dir entfernt.

Die Stimme des Friedens

In den Niederlanden kauft der israelische Friedensaktivist Abie Nathan ein Schiff, das sich dazu eignet, eine Radiostation darauf einzurichten. Unter Mühen überführt er es ins Mittelmeer.
Dort baut er einen Sender auf mit dem Ziel, zur Versöhnung von Israeliten und Palästinensern beizutragen. 1973 ist es so weit: „The Voice of Peace", „Die Stimme des Friedens" geht auf Sendung, von „irgendwo im Mittelmeer". Ein Piratensender, der über die Grenzen der Länder hinweg zu hören ist. Und: Er wird gehört, von Millionen Menschen in Ägypten und Jordanien, in Syrien und Israel.

Menschen gehen am Strand entlang, auf der Schulter ein Radio. Sie hören „The Voice of Peace". Prominente unterstützen Abie Nathan, John Lennon erwähnt ihn sogar in seinem Lied „Give Peace a Chance" (Gib dem Frieden eine Chance). An jedem Abend aber, genau dann, wenn die Sonne als Feuerball über dem Meer steht und gleich sinken wird, macht Abie Nathans Sender eine Pause. Ein Sprecher kündigt sie an als Schweigen zum Gedenken an die Opfer von Krieg und Gewalt. Und dann ist es 30 Sekunden lang still.

30 Sekunden.
Während die Sonne weiterwandert, um anderswo für die Menschen zu scheinen, liegt die Sehnsucht nach Frieden spürbar in der Luft.
Bilder gehen den Menschen durch die Köpfe. Manche fragen sich, warum der Frieden noch immer nicht eingekehrt ist. Andere überlegen, ob sie nicht selbst etwas tun können.
Manche denken an die auf der anderen Seite, die sogenannten Feinde. Vielleicht könnten sie zu Freunden werden.

30 Sekunden.
Wortlose Sehnsucht, hilflose Trauer, zärtliches Lächeln, friedliche Gedanken.

Mir kommt diese halbe Minute vor wie ein Gebet all jener Menschen, die sich nach einem Frieden sehnen, der so groß ist, dass er die Welt umspannen könnte. So groß wie der, den die Engel über den Feldern von Bethlehem verheißen haben.
Nach dem Schweigen erklingt wie ein Segenswunsch ein Lied: „Ich wünsche dir Frieden, wenn die Zeiten hart sind. Ein Licht, das dich durch die Dunkelheit leitet." (ein Lied der Eagles, in freier Übersetzung)

Abie Nathans Geschichte nimmt kein gutes Ende. Als der Friedensprozess auf politischer Ebene in Gang zu kommen scheint, gehen ihm die Gelder aus, er findet keine Unterstützer mehr. So erklärt er seine Mission für gescheitert und versenkt sein Schiff im Mittelmeer.
Doch noch Jahrzehnte später sprechen die Menschen über ihn, wie jener Mann etwa, der mit leuchtenden Augen über die „Voice of Peace" erzählt, die den „Soundtrack, die Begleitmusik, seiner Jugend" gespielt habe. Der Traum ist nicht totzukriegen, immer noch lebt er, immer noch setzt er die Sehnsucht frei, die Menschen in Bewegung bringt: auf den langen Weg, der zum Frieden führt.

Still sein

Man müsste stiller sein können,
als man still sein kann.

Man müsste sogar
die Sprache
schweigen können.

Vielleicht wäre in dem,
was wir nicht vermögen,
das eine, der Anbeginn.

Lehr uns
die sprachlose Sprache
Gott.

Lehr uns
das wortlose Wort.

Lehr uns das Schweigen,
in dem die Welt
zu singen beginnt.

Variationen über die Stille

I.
Wenn es still wird um mich,
wird es in mir so laut.
Gedanken lärmen. Gefühle rumoren.
Beiseitegedrängte Fragen
kehren beständig zurück.
Und meine Angst ruft in mir
wie ein hungriges Kind.

II.
Wenn es still wird um mich,
vernehme ich, was ich sonst nicht höre.
Das Knacken der Äste im Wind,
den Ruf des Käuzchens am Abend,
den Nachhall eines späten Geläuts,
das silbrige Summen der Sterne.

III.
Wenn es still wird um mich,
bemerke ich meine Müdigkeit.
Ich möchte wachsam sein,
möchte noch lauschen
und schlafe darüber ein.

IV.
Wenn es still wird um mich,
höre ich meinen Atem,
spüre ich Arme und Beine
und mein pochendes Herz.

V.
Wenn es still wird um mich,
höre ich manchmal
nicht nur mich.

VI.
Wenn es still wird,
höre ich dich.

Heute und hier

Ich wünsche dir Momente,
in denen du
dich loslassen kannst,
um still zu sein.

Augenblicke, in denen du,
von dir selbst befreit,
ganz da bist und doch
ganz weit weg.

Dein Herz
klopft verlässlich.
Dein Atem
trägt dich.

Und in die Stille hinein
klingt ein Gedanke,
den du nur
jetzt hören kannst,
heute und hier.

Ungesucht gefunden,
wie vom Himmel gefallen,
erreicht er dich
und bleibt als Grundton
in deinem Tag.

Unterwegs sein

Von Nazareth nach Bethlehem

> Da machte sich auf auch Josef aus Galiläa, aus der Stadt Nazareth, in das judäische Land zur Stadt Davids, die da heißt Bethlehem [...] auf dass er sich schätzen ließe mit Maria, seinem vertrauten Weibe; die war schwanger.
> *LUKAS 2,4F.*

Fast lapidar klingen die Sätze aus dem Lukasevangelium:
Als ob das ein Kinderspiel sei, ein so weiter Weg mit einer hochschwangeren Frau. Von Nazareth nach Bethlehem – etwa 150 Kilometer also. Ohne Auto, ohne Komfort.
Eine Volkszählung sei der Grund für die Reise gewesen, so heißt es. Man wurde registriert am Geburtsort des Mannes. Und Josef stammte aus Bethlehem.

Ob es wirklich so war? Wir wissen es nicht.
Einiges spricht dafür, dass Jesus nicht in Bethlehem, sondern in Nazareth geboren wurde.
Die Geschichten um seine Geburt herum könnten Legenden sein. Entstanden im Nachhinein, als man die Besonderheit des Mannes Jesus erkannte, der einmal ein Kind gewesen war.

„Er ist der, auf den wir so lange gewartet haben", sagte man sich. „Er muss der Messias sein, von dem es heißt, er sei ein Nachfahre des großen Königs David und komme aus der Stadt Bethlehem."

Wie es wirklich war, wissen wir nicht. Sicherlich ist das, was in den Evangelien erzählt wird, kein Protokoll der Ereignisse. Aber ist denn nur das wahr, was mit Beweisen festgenagelt werden kann?

Wenn ich an das Leben Jesu denke, dann passen die Geschichten von seiner Geburt zu ihm.

Er war ein König ohne Pracht und Prunk, und war doch von einem Glanz umgeben, wie er durch Sanftmut und Mitgefühl entsteht. Bei den Mächtigen war er ungern gesehen, weil er mit seiner Vision eines Gottesreiches provozierte. Und er war in doppelter Weise auf dem Weg: mit seinen Jünger*innen zog er durch Galiläa. Und war zugleich auf dem Weg über die Erde; als Mensch, in einer Welt, die nicht seine Heimat war.

„Da machte sich auch auf Josef mit Maria, seinem vertrauten Weibe, die war schwanger." Ob Maria und Josef wirklich auf einem Esel unterwegs waren nach Bethlehem? Ob Jesus dort in einem Stall geboren wurde? Wir werden es nicht erfahren. Zu Jesus aber passen diese Erzählungen genau, die bis heute Menschen berühren und verwandeln.

Und auch das ist eine Form der Wahrheit.

Im Dezemberdunkel

Im Dezemberdunkel
tappe ich
meiner Sehnsucht hinterher.

So oft schon
ins Leere gefasst.
Durch Löcher gestolpert.
An dornigen Zweigen mir
das Hoffnungskleid zerrissen.

Da schweift am Horizont
ein Stern.

Als suche jemand die Erde ab.
Als hoffe er, im Lichtkegel
einen Verlorenen zu entdecken.

Einer hat sich
auf den Weg gemacht
zu mir.

Ein anderer Ton

In der Stadt ist Weihnachtsmarkt. Ich dränge mich durch die Massen. Stimmengewirr, einzelne Fetzen, die keinen Sinn ergeben, dazwischen von allen Seiten unterschiedliche Weihnachtslieder. „Schlaf in himmlischer Ruh", „Rampampampam", „… rieselt der Schnee, …"
Gerade als ich von irgendwo höre „Glocken mit heiligem Klang, klinget die Erde entlang", beginnt tatsächlich eine Glocke zu läuten. Ein melodischer, kräftiger Klang.
Doch übertönt er die anderen Geräusche gar nicht. Eher klingt er hinein, wandert hindurch, bringt einen anderen, überraschenden Ton mit sich, der Erinnerungen weckt.
Ich finde mich wieder in einem großen Raum, in dem es still ist. Auf dem Altar liegt aufgeschlagen eine Bibel. Kerzen leuchten in einer Gebetsecke. Der Klang der Glocke holt mich zurück in diese Erinnerung. Mitten auf dem Weihnachtsmarkt, zwischen all den Menschen und dem Geräuschskuddelmuddel wird es in mir für einige Momente still. Als halte die Zeit inne und der Himmel habe die Erde gestreift.

Tag und Nacht

Schon möglich,
dass ein Wort
inmitten der Nacht
vom Himmel fällt
und Frieden auf Erden bringt.

Schon möglich,
dass ein Wunder
mitten am Tag
am Wegrand liegt
und versöhnlich stimmt.

Auge und Ohr offen halten
für Himmel und Erde.
Tag und Nacht.

Maria besucht Elisabeth

> Meine Seele erhebt den Herrn, und mein Geist freuet sich Gottes, meines Heilandes; [...]
> *LUKAS 1,46F.*

Zügig setzt Maria einen Schritt vor den anderen. Die Übelkeit vom Morgen ist verflogen.
Sie kann es immer noch nicht glauben. Doch, tatsächlich, sie ist schwanger. Auch wenn man es noch nicht sehen kann.

Wie hat sie sich erschreckt, als plötzlich der Engel vor ihr stand und von dem Kind sprach, das sie bekommen soll.
Ein Baby. Dabei ist sie doch selbst noch so jung. Und verheiratet ist sie auch nicht. Maria bleibt stehen und atmet ein paar Mal tief ein und aus.

Elisabeth sei auch schwanger, hat der Engel gesagt. Und plötzlich, heute Morgen, war ihr klar: Sie muss zu ihrer Verwandten.
Elisabeth. Schon manches Mal ist sie wie eine Zuflucht für Maria gewesen. Es wird guttun, mit ihr zu reden.
Schnell hat Maria ein paar Sachen zusammengepackt für den Weg.
Nun geht es bergauf, über das Gebirge, das zwischen ihnen liegt.

Maria denkt an das Kind, das sie bekommen wird. Wie wird es sein, Mutter zu werden? Tag und Nacht wird sie sich kümmern müssen.
Ob sie alles richtig machen wird? Sie traut es sich selbst kaum zu.

Sie bleibt einen Moment stehen, um durchzuatmen. Ein paar Schritte noch, dann hat sie den Anstieg geschafft. Herrlich, dieser Blick von oben ins Tal. Alles wird kleiner. Die Häuser, die Menschen, die Tiere. Und die Sorgen auch, so scheint ihr.

Sie denkt an Elisabeth. Die hat sich so sehnlich ein Kind gewünscht, seit all den Jahren. Aber es kam keins. Nun, als sie schon lange nicht mehr damit gerechnet hatte, ja, als es eigentlich unmöglich erschien, ist sie schwanger geworden.

Bald wird Maria bei ihr sein. Sie kann in der Ferne das Haus schon erkennen.
Und da ist auch Elisabeth, Maria hebt ihre Hände und winkt ihr zu. Elisabeth läuft ihr entgegen und schließt sie in ihre Arme. „Maria, du? Wie schön, dich zu sehen! Sie strahlt. Komm doch rein“, sagt sie dann. „Ich habe gerade ein Brot gebacken.“
Im Handumdrehen stehen Brot und Wasser auf dem Tisch, und Maria und Elisabeth sitzen sich gegenüber.

So selten ist es und es tut so gut: Wenn eine genau die richtigen Worte trifft. Als kämen sie gar nicht aus ihr, sondern von irgendwoher angeweht. Dann ist es, als zöge einer den Schleier weg, der über den Dingen liegt. Und die Wahrheit tritt offen zutage. Und die Angst zieht ab wie ein Rauch.

Es ist, als verstehe Maria erst jetzt, was der Engel ihr in der Nacht gesagt hat. Elisabeths Worte bringen Licht ins Dunkel. Sie legen ihr aus, was geschehen ist – was geschehen wird.

Ungläubig schaut Maria sie an. Dann lösen sich die Fragen und Sorgen auf in ein Lachen.
Und als ihr ein Lied zufliegt, beginnt sie zu singen.
Von einem Gott, der groß ist und doch die Geringsten sieht und würdigt.
Von ihm, der barmherzig ist und den Armen zu ihrem Recht verhilft.

„Meine Seele erhebt den Herrn“, singt Maria, „und mein Geist freuet sich Gottes, meines Heilandes, denn er hat die Niedrigkeit seiner Magd angesehen. Siehe, von nun an werden mich selig preisen alle Kindeskinder.“

Wundersam

Wundersam anders,
die Stadt.
Sternenverwandeltes Dunkel:

Als wäre es möglich,
dass dir heute
ein Engel begegnet.

Wege wagen

Soll ich oder soll ich nicht?

Wer vor der Entscheidung steht, sich zu verändern, etwa den Wohnort oder den Beruf zu wechseln, der kennt diese Frage. Manchmal quält man sich wochen- oder auch monatelang damit.
Es ist ein Wagnis, sich auf den Weg zu machen, um unbekanntes Gebiet zu betreten.

Was ich habe, weiß ich ja, ich habe mich eingerichtet und es mir wohnlich und gemütlich gemacht. Das kann man ja nicht nur in einem Haus, sondern auch in einem Leben. Hier fühle ich mich geborgen und sicher.

Aber: Was ich bekommen werde, weiß ich nicht. Es wird mühsam werden, das neue Land zu erkunden.
Und auch der Weg dorthin ist ein Wagnis. Besonders dann, wenn er noch unerschlossen ist. Es wird anstrengend werden, eine Spur zu legen. Hindernisse warten auf mich. Ich könnte mich verirren oder gar verloren gehen. Dass ich mein Ziel erreiche, ist nicht gesagt.

Vermutlich ist in jedem Menschen die Sehnsucht nach einem Ort, den er „Zuhause" nennen kann. Es scheint den meisten ein Grundbedürfnis zu sein, sicher zu wohnen, in einem Haus, in einem Land, im eigenen Leben.

Und zugleich weiß wohl jede und jeder:
Leben bedeutet Bewegung – so ist es sogar in der Biologie definiert –, es bedeutet Veränderung und Wagnis.
Nichts bleibt, wie es ist. Abschied und Neubeginn, Kommen und Gehen wechseln sich ab und prägen unser Dasein.

Auch das Volk Gottes ist ein wanderndes:

Als Abraham längst im Rentenalter ist, fordert Gott ihn auf, sich noch einmal auf den Weg zu machen in ein neues Land. Und er verspricht Abraham, ihn zu segnen und zum Segen zu machen.
Bevor Mose sich mit dem Volk Israel auf den Weg in das gelobte Land macht, gibt Gott sich zu erkennen als einer, der da sein wird. Als Feuer- und Wolkensäule zieht er mit durch die Wüste.
Und Jesus? Er wird unterwegs geboren, am Rande, in einem Stall. Später zieht er mit seinen Jünger*innen umher. Er habe keinen Ort, wo er sein Haupt hinlegen könne, so sagt er einmal (siehe Lukas 9,58).

Nach dem Zweiten Weltkrieg wurden viele Kirchen in der Form eines Zeltes gebaut. So erinnern sie daran, dass Gott mit uns Menschen auf der Reise ist und dass somit auch ein lebendiger Glaube beweglich ist.

Wir sollen uns nicht einrichten in den Gegebenheiten der Welt. Wach und offen sollen wir bleiben für die Aufgabe, die auf uns wartet. Immer wieder sollen wir aufbrechen, wenn wir Gottes Ruf vernehmen.
Er erklingt in der Not der anderen ebenso wie in der Sehnsucht nach dem Himmel, der uns entgegenkommt. Er ist zu hören in der Aufforderung Jesu: Folge mir nach!

Und doch heißt das nicht, dass wir gänzlich heimatlos wären. Denn der Glaube ist ein Zuhause, das mit uns zieht. Gott ist ungebunden, wir müssen ihn nicht aufsuchen an einem festen, immerwährenden Ort.
Er macht sich mit uns auf den Weg. Immer wieder ruft er uns und geht mit uns in ein neues unbekanntes Land.

Eine Zumutung ist das. Und zugleich eine Verheißung. Das Glaubenszuhause selbst ist ein Weg. Der ist manchmal steil oder steinig, karg oder beängstigend. Doch Gott geht mit uns und segnet uns. Sein Name ist ein Versprechen: Ich bin, der ich sein werde. Der „Ich-bin-da".

Auf dem Weg

Wer weiß schon,
ob Sterne verlässlich sind.
Und wer könnte sagen,
ob die Kräfte reichen?

Um diesen
einen Schritt nur
weißt du,
für den der Fuß
die Luft schon betreten hat,
um gleich den Boden
erneut zu berühren.

Diesen Schritt gehen
als sei er es,
auf den alles ankommt,
als sei er es,
der dich schon bringe
ans Ziel.

Lebensweg

Gott, ferner Vater,
der Mut hat mich verlassen,
verkriechen möchte ich mich.

Du aber rufst mich
aus dem verlässlich gewohnten
und so sorgsam eingerichteten Haus
auf den Weg,
der Leben heißt.

Die Mauern soll ich tauschen
gegen ein Zelt,
das bergende Dach einlösen
gegen weiten Raum.

Gott, ich bin verzagt
und manchmal trau ich
mich nicht und auch dir
traue ich manchmal nicht.

Ich bitte dich:
Hilf meinem Unglauben.

Durch die Nacht

Manchmal ist es dunkel,
kein Schimmer zu sehen,
kein Laut zu vernehmen
auf dem Weg durch die Nacht.

Ich wünsche dir,
dass Worte von fern,
gesprochen vor langer Zeit,
in deiner Nähe bleiben.

Und dass der Schweif
eines lang verloschenen Sterns
im richtigen Moment aufscheint,
um dich zu leiten.

Bis die Stimmen der anderen
neu in dir zu klingen beginnen.
Und der Tag sich ankündigt
mit seinem Licht.

Auf das wachsende Licht sehen

Wachsendes Licht

> Mache dich auf, werde licht; denn dein Licht kommt,
> und die Herrlichkeit des HERRN geht auf über dir!
> *JESAJA 60,1*

Ein großer Holzreif, möglicherweise ein altes Wagenrad, mit Kerzen besteckt, so sah der erste Adventskranz aus. Er schmückte jedoch nicht das Wohnzimmer seines Erfinders, sondern wurde in einem Betsaal aufgehängt.
1833 hatte der evangelische Pfarrer Johann Hinrich Wichern in Hamburg das „Rauhe Haus“ gegründet, um dort bedürftige, verwahrloste und heimatlose Jungen aufzunehmen.
Schon zwei Jahre später zogen auch Mädchen ein.

Als diese Kinder, so wie Kinder es eben machen, ungeduldig auf Weihnachten warteten und wieder und wieder fragten, wann es denn endlich so weit sei, dachte Wichern sich den Adventskranz aus. Für jeden Adventssonntag steckte er eine große weiße Kerze darauf und – anders als heute üblich – zwischen die großen Kerzen für jeden Wochentag eine kleine rote Kerze.

Ich stelle mir vor, wie die Kinder sich am 1. Advent im Betsaal versammelten. Viele von ihnen kamen aus – wie man heute sagen würde – schwierigen sozialen Verhältnissen. Sie hatten erlebt, was Kinder eigentlich nicht erleben sollten. Manche hatten ihre Eltern verloren, andere waren vernachlässigt oder möglicherweise misshandelt worden.
Nun sehe ich sie da sitzen, in Reihen hintereinander in diesem Betsaal. Im Raum ist es dunkel. Dann zündet Johann Hinrich Wichern eine einzige Kerze an. Ein warmes, zartes Licht schimmert und legt sich auf die jungen Gesichter.

An jedem der folgenden Tage, wenn sie sich im Betsaal treffen, wird eine weitere Kerze angezündet.
Eine kleine an den Wochentagen, eine große an jedem Sonntag im Advent.

Die Kinder können jetzt sehen und sich vorstellen, wie lange es noch dauern wird, bis Weihnachten ist.

Und in den Raum hinein wächst das Licht, es ist ein sanftes, verletzliches Licht, und es fällt auf diese Mädchen und Jungen, die viel Finsteres und Dunkles erfahren haben. Jeden Tag wird es etwas heller und strahlt etwas mehr.

Ich könnte mir vorstellen, dass es die Kinder verändert hat, das zu erleben:

Wer sanft berührt ist, lernt, auch andere sanft zu berühren. Wer verletzlich ist, wird empfänglicher sein für einen Gott, der sich selbst verletzbar macht. Und wer erlebt hat, dass es in einer dunklen Zeit langsam hell wird, der wird auf eine besondere Weise von Hoffnung sprechen.

Am Heiligen Abend wird die letzte Kerze auf dem großen Kranz entzündet und der Raum strahlt heller als an jedem der vorangegangenen Tage. Weihnachten ist da, das Fest, auf das alle so lange und sehnlich gewartet haben. Jesus ist geboren, das Licht der Welt.

Gebet für zwei Stimmen

So viele noch,
die gefangen sind
in fensterlosen Kerkern,
so viele, die auf der Flucht sind
mitten in der Nacht.

Sprich über uns Menschen,
wieder und wieder
dein Schöpfungswort:
Es werde Licht.

So viele noch,
die im Dunkeln weinen,
so viele, die sich ängstigen
in der Finsternis.

Sprich für uns Menschen
wieder und wieder
dein Liebeswort:
Ich bin das Licht.

So viele noch,
deren Seele umdunkelt ist,
so viele, deren Tag sich verfinstert
von Traurigkeit.

Sprich zu uns Menschen
wieder und wieder
dein Sendungswort:
Ihr seid das Licht.

Ausgerechnet am 13.

Die Dreizehn gilt bei vielen Menschen als Unglückszahl. In manchen Krankenhäusern gibt es keine Zimmer mit der Nummer Dreizehn, in Hochhäusern kein dreizehntes Geschoss.

Der Dezember durchbricht diesen Aberglauben mit einer Gegengeschichte. Da geht ausgerechnet am 13. eine Lichtgestalt um. Lucia durchwandert das Dunkel mit einem Strahlenkranz auf dem Kopf.

Lucia war eine junge Christin, die im 3. Jahrhundert in Syrakus in Italien gelebt hat. Genau nachvollziehen lässt sich ihr Leben nicht mehr. Doch wird von ihr überliefert, dass sie aufgrund ihres Glaubens jungfräulich bleiben wollte. Darum versuchte sie, sich der Verlobung zu entziehen, die ihre Mutter Eutychia wünschte.
Als Eutychia jedoch auf einer gemeinsamen Wallfahrt von einer Krankheit geheilt wird, gestattet sie ihrer Tochter, unverheiratet zu bleiben.
Der verschmähte Verlobte aber verrät Lucia bei den Christenverfolger*innen des Kaisers Diokletian. Sie wird vor Gericht gestellt und zum Tode verurteilt. Doch als man sie ihrer Strafe zuführen will, ist es unmöglich, sie von der Stelle zu bewegen.
Schließlich wird Lucia – wohl durch einen Stich in den Hals – getötet. So wird sie zur Märtyrerin.

Von Lucia wird erzählt, dass sie anderen Christ*innen heimlich Nahrung brachte und – um die Hände frei zu haben – dabei einen Kranz aus Lichtern auf dem Kopf trug.
Dieses Bild von ihr bleibt lebendig über ihren grausamen Tod hinaus. Und es begründet einen Hoffnungsbrauch:

Lucia wird zum Vorbild jener leuchtenden Gestalten, denen man am 13. Dezember, dem Luciatag, vor allem in Schweden begegnen kann.

Dort geht am Morgen ein junges Mädchen – oft die älteste Tochter – als Lucia durchs Haus der Familie: Sie ist in ein weißes Gewand gehüllt und trägt einen Lichtkranz auf dem Kopf.
Wenn sie anschließend in die Öffentlichkeit geht, gesellen sich andere Kinder hinzu. Auch sie tragen Kerzen in ihren Händen. Gemeinsam ziehen sie durch Kindergärten, Schulen und andere Einrichtungen. An vielen Orten entsteht so eine Licht-Prozession.
Auch in vielen Kirchen Schwedens wird das Luciafest gefeiert.

In Deutschland ist dieser Brauch wenig verbreitet: Trotzdem will ich am 13. Dezember nicht nach dem Unglück Ausschau halten. Lieber sehe ich mich um nach dem Menschen, der auch ohne einen Lichtkranz auf dem Kopf der heiligen Lucia ähnelt und ein Leuchten in den Tag bringt.

Lucia

Mitten im Winter
geht Lucia durchs Haus.
Lichtflecken säumen ihre Schritte
und fallen in Winkel und Ecken.

Dunkle Gedanken
bekränzt sie mit Strahlen;
Hoffnung teilt sie aus
wie Jesus einst Brot und Fisch.

Und jenen,
die ihr begegnen,
gibt sie ein Leuchten mit
auf den Weg
durch die dunklen Tage.

Neue Namen

Für die im Dunkeln wird Gott oft namenlos. Sein „Ich bin da" geht in der Finsternis verloren.
Das Leben aber läuft weiter, als ob nichts gewesen wäre. Die Erde dreht sich in den Weiten des Alls. Die Zeiger der Uhren gehen in ihrem immergleichen Takt voran. Und zwingen mich dazu, Schritt zu halten.
Einem Menschen, der sich von Gott verlassen fühlt, nützen die glaubensstarken Worte der anderen nichts. Gott selbst müsste kommen, bleiben und beistehen. Müsste seinem Namen treu bleiben und sich seiner würdig erweisen.
Denn ich werde nur den Namen ins Dunkel rufen, der durch die Erfahrung gedeckt ist, dass ich ihm vertrauen kann.
So wie ein Kind, das nach der Mutter ruft. Es kann glauben, dass die Mutter da ist, auch wenn sie den Raum verlässt. Denn sie ist ja bisher immer wiedergekommen, ist bei ihm gewesen, hat es getröstet und in den Schlaf gewiegt. Jedes Mal. Und hat sich so als verlässlich erwiesen.

Wenn Gott in der Finsternis unkenntlich wird, dann tragen die Namen, die ich ihm gegeben habe, nicht mehr.
Ich nannte ihn „Allmächtiger" und kann nun nicht mehr erkennen, dass er seine Macht erweist.
Ich nannte ihn „Barmherziger" und kann ihn nicht in Verbindung bringen mit dem, was mir oder auch anderen widerfährt.

In solchen Zeiten müssen Stellvertreter*innen für Gott in die Bresche springen. Die Nachbarin, die am Gartenzaun fragt, wie es mir geht. Der Sozialarbeiter, der aus einer verfahrenen Lage einen Weg aufzeigt.
Gott kann Musik sein, die löst, was in mir hart geworden ist. Ein Farbfleck im Schnee, der sich als Blüte entpuppt. Ein Gedicht, durch das ich mich verstanden fühle.

Erst im Nachhinein erkenne ich manchmal, dass Gott in der finsteren Zeit einen menschlichen Namen trug. Er verbarg sich im lösenden Wort. Oder ging neben mir auf dem Weg durch den kahlen Wald, auf dem ich mir so verloren vorkam.
So wachsen Gott neue Namen zu, die mit Erfahrungen gesättigt sind. Namen, denen ich Vertrauen schenke.

In der Dunkelheit sind sie neu geboren. So wie das Kind in der Nacht, die wir „heilig" nennen.

(Tina Willms, Dem Frieden hinterher. Inspirationen zur Jahreslosung und den Monatssprüchen 2019.

Bei Kerzenlicht

Bei Kerzenlicht
spricht es sich anders,
als lege sich Wärme auf die Worte
und in die Stimme ein sanfterer Ton.

Kaum möglich, sich zu streiten,
wenn das Wachs weich wird
und sich vor den Augen verwandelt
in schimmernde Hoffnung.

Das Leuchten steckt an,
erfasst die Gesichter,
glättet Wogen und Stirnen,
dringt unter die Haut
und hinterlässt eine Spur
aus Glanz.

Das dritte Licht

Ein Mann und ein Mädchen Hand in Hand. Vater und Tochter vielleicht? Nein. Das Mädchen wohnt nur für ein paar Wochen bei dem Mann und seiner Frau.
Claire Keegan erzählt in ihrem Büchlein „Das dritte Licht", wie der leibliche Vater seine Tochter bei dem Paar abliefert. Denn ihre eigene Mutter erwartet ein Kind, wie in fast jedem Jahr. Da ist sie nur eine Belastung und im Weg.

Der Mann und seine Frau hingegen haben keine Kinder. So beginnt ihre Welt sich um das Mädchen zu drehen. Aufmerksamkeit, aber auch Aufgaben warten auf sie. Sie wird gelobt. Und geliebt.
Manches bleibt geheimnisvoll: Woher stammen die Kleider, die die Frau aus einer Truhe nimmt, um das Mädchen einzukleiden? Warum ist auf der Tapete ihres Zimmers ein kleiner Junge abgebildet, der einem Zug hinterher in die Ferne winkt?
Eine andere Frau erzählt ihr später mit derben Worten, dass der Mann und die Frau ihr eigenes Kind durch einen tragischen Unfall verloren haben.

Eines Abends fährt der Mann mit dem Mädchen an den Strand. Er nimmt ihre Hand.
Und in diesem Moment merkt das Mädchen, dass ihr eigener Vater nie ihre Hand genommen hat. Der Unterschied zwischen dem einen und dem anderen Leben trifft sie mit voller Wucht.
Sie spürt plötzlich, was ihr gefehlt hat, von dem sie aber nicht gewusst hat, dass es ihr fehlt, weil sie es gar nicht kannte.
Nun ist es da, als Wärme und Liebe, und das ist schön und fühlt sich gut an. Aber es tut auch weh. Es stellt das ganze andere Leben infrage und verlangt nach einer neuen Deutung.

Der Mann und das Mädchen steigen eine Düne hinauf, und als sie oben angekommen sind, sehen sie am Horizont zwei Lichter blinken.
Dann rennt das Mädchen die Düne hinunter und ist am Meer. Sie spielt mit den Wellen und spricht mit dem Mann. Es ist ein seltsamer, sinnloser und zugleich beglückender Abend.
Vielleicht wird ja der Rückweg dem Hinweg irgendeinen Sinn verleihen, denkt das Kind.
Später gehen die beiden denselben Weg zurück. Wieder stehen sie auf der Düne: Nun leuchtet zwischen den beiden anderen Lichtern ein drittes Licht.

Ob das Mädchen zu ahnen beginnt, dass sein Dasein den Mann und die Frau ähnlich schmerzlich konfrontiert mit dem, was ihnen in ihrem Leben fehlt?
Nun ist es da, weil sie da ist: Sie selbst ist ein Licht, das dritte Licht, das gefehlt hat. Durch sie wächst Helles in die Welt der beiden anderen hinein.
Dass es so ist, bekräftigt der Mann mit einer Geste. Er legt die Arme um sie und zieht sie an sich. Das biblische „Du bist mein" (Jesaja 43,1) klingt an, als sie beschreibt, wie sie sich fühlt: „Als wäre ich sein."
Wenig später nur wird das Kind zurückkehren in die alte, lieblose Welt. Sie weiß um die Liebe, die ihr begegnet ist. Sie weiß um das Licht, das sie selbst sein kann.
Und darum wird etwas anders sein als bisher.

(nach Claire Keegan, Das dritte Licht, Steidl, Göttingen 2013.)

Ins Buch des Lebens

Lies mich, Gott,
an den Tagen,
den ganz normalen,
die mir so
immer gleich vorkommen.

Lies zwischen den Zeilen
die Sehnsucht,
lausch auf den Grundton
der Melancholie
und zeichne in mein Leben
deine Vision.

Lies mich, Gott,
in den Nächten
lies meine Träume,
die hellen und leichten
und auch die schweren.

Trag dich ein
mit deiner Stimme,
die mich ins Leben zieht
und meinen Ängsten
sorgsam widerspricht.

Meine Zeit
wird anders klingen
durch dich.
Du liest hinein,
wer ich bin, und auch,
wer ich sein werde.

Und schreibst
deine Geschichte
ins Buch des Lebens
mit mir.

Licht

Wieder naht die dunkle Zeit,
in der es hell wird
durch Sternenglanz
und Engelswort.

Du, Gott, kommst näher,
Tag für Tag,
um unter uns zu wohnen
als Licht der Welt.

Zieh ein
in unsere Wohnungen
und unser Leben,
leuchte in uns und durch uns.

Damit es hell wird
an dunklen Tagen,
an düsteren Orten
und in verfinsterten Herzen.

(Tina Willms, Wo das Leben entspringt. Inspirationen zur Jahreslosung und den Monatssprüchen 2018. © 2017 Neukirchener Verlagsgesellschaft mbH, Neukirchen-Vluyn.)

Brennende Hoffnung

Ich wünsche dir,
dass die Adventszeit
in dir ein Sehnen entfacht
nach einem Licht,
das ins Dunkel fällt.

Ich wünsche dir,
dass Hoffnung in dir Feuer fängt
auf den, der zur Erde kommt
und sie verwandelt.

Ich wünsche dir,
dass sein Licht
in dir brennt
und durch dich leuchtet
ins Dunkel der Welt.

Engel vernehmen

Engel im Advent

Die Adventszeit ist von Engeln bevölkert. Überall sieht man sie in diesen Tagen. Dicke Putten auf Kaffeetassen, schlanke Gestalten aus Holz, geflügelte Wesen, die man sich ins Fenster hängen kann.
Die Figuren und Bilder selbst verfügen über keinerlei Macht. Aber sie erinnern uns an die Bot*innen Gottes, die im Namen des Himmels eine überraschende Wendung in den Tag oder auch das ganze Leben bringen.

Aus der Geburtsgeschichte Jesu sind die bekanntesten Engel jene, die über den Feldern von Bethlehem erscheinen, in einem nie gesehenen Licht. Doch sind sie nicht die einzigen Engel, von denen die Evangelisten Lukas und Matthäus erzählen, wenn es um die Geburt Jesu geht.

Bei Lukas erscheint im ersten Kapitel zunächst dem Priester Zacharias ein Engel und verheißt ihm die Geburt eines Sohnes. Der wird einmal Johannes der Täufer werden und wird Jesus im Jordan taufen.

Der nächste Engel hat einen Namen. Gabriel kommt zu Maria und kündigt ihr die Geburt Jesu an.

Als Lukas das zweite Kapitel aufblättert, erscheinen die wohl bekanntesten Engel der Weihnachtszeit. Einer tritt zunächst allein auf, umgeben von der „Klarheit des Herrn“ und ruft den Schafhütern zu: „Fürchtet euch nicht!“ Und er erzählt von der Geburt des Heilandes. Himmlische Heerscharen kommen hinzu und singen über den verwirrten Hirten vom Frieden auf Erden.

Auch der Evangelist Matthäus lässt in seinen sehr viel knapperen Erzählungen von der Geburt Jesu zwei Engel auftreten. Beide erscheinen Josef, Marias Mann, im Traum.

Der erste Engel hindert ihn daran, Maria aufgrund ihrer rätselhaften Schwangerschaft zu verlassen. Er solle sie trotzdem zur Frau nehmen, sagt der Engel, denn ihr Kind sei ein besonderes.

Der zweite Engel erscheint nach der Geburt Jesu, er warnt Josef vor dem König Herodes, der das Neugeborene umbringen lassen will. Denn ihm ist zugetragen worden, dass dieses Kind auch ein König und somit ein potenzieller Konkurrent sei. Darum fordert der Engel Josef auf, die Habseligkeiten zu packen und mit Maria und Jesus nach Ägypten zu fliehen.

Engel in vielerlei Gestalten. Als Lichtwesen oder Traumgesicht treten sie auf, mit oder ohne Flügel kommen sie daher. Gerufen hat sie niemand, plötzlich sind sie da, mit einem Wort, das Menschen sich nicht selbst sagen können, und einer Botschaft, die eine Wende bringt.

Maria wird gestärkt und ermutigt für ihren Weg. Licht kommt ins Dunkel, in dem die Hirten wachen. Einer sagt ihnen: Fürchtet euch nicht! Josef wird an einer Fehlentscheidung gehindert und später vor einer Gefahr gewarnt.

Niemand wird sagen können, was damals genau geschehen ist. Engel lassen sich wohl erfahren, nicht aber beweisen. Mag sein, dass die Engel von heute etwas leiser auftreten und in wiederum anderen Gestalten als damals. Ich will mich an sie erinnern lassen, will mich offen halten für diese unverfügbaren Himmelsbot*innen, damit sie nicht unerkannt an mir vorübergehen.

In der Fußgängerzone

In der Fußgängerzone
fiel ein Lächeln
in meine dunklen Gedanken
und unterbrach
meinen müden Gang.

Ich blieb stehen
und schaute mich um.

Keiner mehr da.

Und doch war mir,
als hörte ich
rechts an der Ecke
ein Flügelrauschen.

Unter die Fittiche

Abends sprachen wir über Engel.
Wie sie den Menschen im Alltag begegneten. Bot*innen Gottes im Menschengewand. Mit einem Gesicht wie wir es haben: du und ich.
Flügel hatten sie keine. Nur ein Wort Gottes, das eine Wendung brachte.
Oft wurden sie erst im Weggehen erkannt.

Einen Tag später ein Kaffeetrinken. Viele Menschen in einem Raum, Kinder wuseln um uns herum. Kuchen mit grünem Tortenguss liegt auf meinem Teller. Zwischen zwei Bissen sagt eine: Kais Vater ist tot.
Sechs Jahre alt ist Kai. Hat zwei große Brüder. Und eine Familie mit rauem Umgangston.

Wieder zwei Tage später bin ich in einer Kirche. Hölzerne Engel sind ausgestellt. Dazu Bilder, von Kindern gemalt. Ich gehe durch den Raum. Wundere mich, warum all diese Engel Flügel haben. Ich dachte, Bot*innen Gottes bräuchten die nicht.
Bis ich den einen sehe. Den hat ein Mädchen gemalt. Klein von Gestalt ist er, doch mit riesigen Flügeln, die einen Raum voller Geborgenheit öffnen.
Ja, denke ich, recht hat das Mädchen, manche Engel brauchen die Flügel wohl doch.
Gott, schick einen für Kai, einen oder zwei oder alle, die übrig sind. Damit ihn einer unter die Fittiche nimmt und ihn behütet auf seinem Weg.

Zum Engel werden

Gott, du siehst:
Flügel habe ich keine.
Doch habe ich Arme,
die einen anderen
umfangen und halten können.

Gott, du weißt:
Aus dem Himmel komme ich nicht,
doch kann ich über die Erde gehen
mit offenen Augen
und wachen Ohren.

Gott, du erkennst:
Eine Lichtgestalt habe und bin ich nicht,
doch kann ich ein Leuchten tragen
in die Dunkelheit
eines Verzweifelten.

Gott, ein Mensch bin ich.
Lass mich gelegentlich
zum Engel werden.

Paul Klee und die Engel

Der Maler Paul Klee hat viele Engel gemalt, er hat sie so gemalt, wie man vielleicht auch von ihnen sprechen könnte.

Die meisten seiner Engel zeichnet Klee als dunkle Linien auf ein weißes Blatt: Leicht lässt sich erkennen, wo der Maler den Stift angesetzt und wo er ihn wieder abgesetzt hat. Es wäre nicht schwer, sie nachzuzeichnen, so scheint es.
Einmal dreht Klee die Farben auch um; im Jahr 1939 wird ein „wachsamer Engel" nötig, er entsteht aus weißen Linien auf schwarzem Grund.

Wenn Klee den Engeln überhaupt Farben gibt, sind diese oft verhalten, durchscheinend, zart.
Was sich zeigt, ist verwundernd: Keine Gestalten mit einem Heiligenschein, sondern flüchtige, manchmal fast verwirrt erscheinende Wesen.
Vielen Bildern gibt Paul Klee einen ironisch anmutenden Titel: „Ein Engel bringt das Gewünschte": Und tatsächlich: Auf einem Tablett serviert der Engel etwas, als bringe er einen eben bestellten Kaffee.
Ein „Schellenengel" schaut verschmitzt auf den Zipfel seines Gewandes, wo eine grinsende Schelle hängt. Ein lustiger, versponnener Narr. Doch manchmal sagt er die Wahrheit.

Klees Engel sind keine vollkommenen Wesen. „Unfertiger Engel", nennt er einen, ein anderer befindet sich „Im Vorzimmer der Engelschaft", „Noch hässlich" ist einer, „Bald flügge" ein weiterer. Einer ist gar in Einzelteilen dargestellt, als müsse er sich selbst noch zusammensetzen. Es scheint mühsam zu sein, zum Engel zu werden.
Manche Engel geraten wie Menschen auch in eine Krise oder ins Zweifeln, einer ist altklug, ein anderer arm, einer vergesslich. Einige scheinen auf Schutz angewiesen zu sein, sie werden von einem großen Hut beschirmt.

Dass Engel gelingen, dass sie werden, wozu sie bestimmt sind, ist nicht so sicher. Ablenkungen bringen sie ab von sich selber. Sogar verfehlen können sie sich. Dann kommen sie bedrohlich oder gar böse daher.

In allen Phasen seines Schaffens hat Paul Klee Engel gemalt. Die meisten seiner Engelbilder entstehen jedoch in einer Zeit, in der einem der Himmel abhanden kommen konnte.

Als im Januar 1933 in Deutschland die Nationalsozialisten an die Macht geraten, soll Klee einen Ariernachweis anbringen. Er weigert sich und wird im April aus seiner Professur an der Kunstakademie Düsseldorf entlassen. In den folgenden Jahren werden seine Bilder in Deutschland diffamiert und in sogenannten „Schandausstellungen" gezeigt.
Paul Klee zieht nach Bern. Nachdem er 1935 und 1936, schwer erkrankt, nur wenige Bilder malt, folgt von 1937 an eine schaffensreiche Zeit, die 1939 ihren Höhepunkt erreicht. Viele seiner Engelbilder entstehen in diesem Jahr.

Mir kommt es vor, als zeichne Paul Klee die Frage in seine Bilder hinein, ob und auf welche Weise man überhaupt noch von Engeln sprechen kann und darf. Eine Frage, die sich ins Heute zieht.

Vielleicht könnte man so von ihnen sprechen, als halte man einen Bleistift und nicht einen breiten Pinsel mit Ölfarbe in der Hand. Als skizziere man ihre Umrisse eher auf dünnem Papier statt sie auf eine Leinwand zu bannen für die Ewigkeit.
Möglich, dass zwischen solch verhaltenen Tönen ähnlich flüchtig wie in Klees Bildern der abhandengekommene Himmel aufblitzt, um sich gleich wieder zu verschließen. Möglich, dass sich genau dann ein zerbrechlicher, zweifelnder oder noch tastender Engel zeigt, um einen Menschen zu berühren; zaghaft und zart.

Schattengestalt

Nicht jeder Engel ist eine Lichtgestalt.
Manch einer steht auch im Schatten.
Und erwartet am Rande des Tages
den einen Menschen, der ihn braucht,
auf dem Weg durch die Nacht.

(Tina Willms, Im Glauben: Zweifel – Im Zweifel: Glauben. Inspirationen zur Jahreslosung und den Monatssprüchen 2020.

Engel im Werden

Alles ist da.
Du siehst es noch nicht.
Vielleicht spürst du wie ein kleines Kreuz den Punkt, eine Markierung, an der es beginnen könnte.
Eine Frage, ein Drängen. Eine Unruhe. Einen Sog.

Und dann ist da einer, der hört dir zu.
Einer, der schon geworden ist.
Auch, wenn er selbst es vielleicht gar nicht weiß.

Manchmal sind ja die Worte der Weg.
An ihrem Rande liegt, was du werden wirst. Du liest es auf, Fragmente, die einem unbekannten Muster zu folgen scheinen.
Manche wiegen schwer in der Hand und stellen dir ihre unbequemen Fragen.
Manche liegen leicht auf deinen Schultern, ein Sommermorgen, der ein Gelingen verheißt.

Und dann ist da einer, der hört dir zu.

Du setzt deine Schritte auf diesen Wortweg.
Du liest auf, was am Rande liegt.
Und du gehst und du gehst und fragst dich, wohin.
Und wieder ein Teil, eine Farbe, die du kennst.
Und du liest es auf und fügst es zum anderen.

Und dann ist da einer, der hört dir zu.

Du ahnst es nun: Alles ist da.
Und du gehst weiter auf diesen Worten und sie werden ein Weg.
Du nimmst auf, was am Rande liegt, du schaust genau.

Du hörst die Fragen, du hörst die Verheißung.
Du setzt die Fragmente zusammen zu einem Bild.

Alles ist da. Einmal fügt es sich.
Einmal wirst du
der Engel sein.

(zum gleichnamigen Bild von Paul Klee: http://www.kunstkopie.de/a/paul_klee/engelimwerden1934204m4-2.html)

Der Seher

Einmal war einer,
der sah schon,
was werden könnte.

In der Raupe
sah er den Schmetterling.

In der Wüste
den Garten.

Und in der Nacht
den leuchtenden Morgen.

Er schaute mich an.
Und ich ahnte,
was werden könnte:

Und machte mich auf,
auf den Weg
zu mir.

Ohne Flügel

Mitten im Zweiten Weltkrieg versteckt die Familie Hubermann einen Juden in ihrem Keller: Max.

Das ist gefährlich. Alle aus der Familie müssen nun sorgsam auf das achten, was sie sagen, sobald sie mit anderen Menschen sprechen. So auch Liesel, ein Mädchen von dreizehn Jahren, das selbst erst einige Jahre zuvor zu Rosa und Hans Hubermann gekommen ist.

Sie und Max freunden sich an und helfen einander durch ihre Albträume und ihre Ängste.

Am Weihnachtsabend beschenkt Liesel den im Keller Versteckten, der nie nach draußen darf, mit Schnee. Übermütig veranstalten sie eine kleine Schneeballschlacht und bauen gemeinsam einen Schneemann.

Wenig später wird Max krank. Eines Abends fällt er in der abgedunkelten Wohnung der Familie beinahe in Ohnmacht. Rosa Hubermann steckt ihn in Liesels Bett. Dort bleibt er liegen, tagelang, wochenlang. Er schläft und schläft und wacht kaum einmal auf.

Liesel hört die heimlichen Gespräche der Eltern: wie sie sich fragen, was man denn nur tun solle, wenn Max stürbe. Und sie wird todtraurig darüber.

Wieder und wieder besucht sie Max. „Wach auf!", beschwört sie ihn.

Sie liest ihm vor. An ihrem Geburtstag verspricht sie ihm einen riesengroßen Kuchen statt der üblichen dünnen Suppe.

Doch es tut sich nichts. Max schläft weiter, schläft seinen langen Schlaf im Niemandsland zwischen Leben und Tod.

Eines Tages bringt Liesel ihm ein Geschenk ans Bett: einen plattgewalzten Ball. Sie werde ihm die Geschichte dazu erzählen, sagt sie, wenn er nur endlich aufwache.

Jeden Tag hält sie nun Ausschau nach etwas, das sie ihm geben kann, kleine Geschenke, die ihn dazu bringen könnten, ins Leben zurückzukehren. Eine Feder bringt sie ihm, zwei Zeitungen legt sie an sein Bett.

Wie aber schenkt man jemandem ein Stück Himmel? Sorgsam wählt Liesel die Worte aus für eine Wolke, die sie ihm überreichen will. Als es endlich die richtigen sind, schreibt sie sie auf.
Aber Max wacht nicht auf. 13 lange Tage und Nächte lang wacht er nicht auf.
Und dann geschieht es doch.

Hören wir dem Tod zu, den Markus Zusak in seinem Buch „Die Bücherdiebin" zum Erzähler macht, wie er berichtet über den Augenblick, in dem er Max abholen will:

„Es muss in einem der wenigen Momente gewesen sein, als das Mädchen nicht bei ihm war, denn alles, was ich sah, war ein Mann in einem Bett. Ich kniete nieder. Ich machte mich bereit, meine Hände in die Decken einzutauchen. Dann spürte ich ein starkes Wiederaufleben – einen kraftvollen Kampf gegen mein Gewicht. Ich zog mich zurück."
(Markus Zusak, Die Bücherdiebin)

Was hat dieses Wiederaufleben, diese starke Kraft ausgelöst? Wir erfahren es nicht direkt. Aber uns wird erzählt von dem Mädchen Liesel.
Dieses Mädchen hat keine Flügel und ist doch ein Engel. Sie ängstigt und sorgt sich um einen Menschen, dem andere nach dem Leben trachten. Als sie nichts für ihn tun kann, tut sie doch etwas für ihn. Sie besucht ihn und wählt sorgsam ihre kleinen Geschenke aus.
Ob das alles etwas bewirkt? Man weiß es nicht. Aber es könnte doch möglich sein, dass die Angst und die Liebe dieses Mädchens den Mann am äußersten Rande des Daseins zurücklocken ins Leben.

Engel im Alltagsgewand

Ich wünsche dir
eine feine Wahrnehmung
für das, was nicht
zutage liegt.

Augen für die Wahrheit
hinter der Wirklichkeit,
Ohren für das Spektakuläre
im zaghaft gesagten Wort,
einen untrüglichen Sinn
für das, was die Wende bringt,
und ein Gespür für den Engel,
der sich verbirgt im Alltagsgewand.

(Tina Willms, Wo das Leben entspringt. Inspirationen zur Jahreslosung und den Monatssprüchen 2018. © 2017 Neukirchener Verlagsgesellschaft mbH, Neukirchen-Vluyn.)

Die Engel

Variationen zwischen Dunkel und Licht

Der dunkle Engel in dunklen Nächten
Der Fallende.
Er weiß, wie es ist, wenn die Flügel brechen
und man in unergründliche Abgründe stürzt.
Der bedrohliche Engel, der dich
in seine bodenlosen Tiefen zieht.
Die existenzielle Frage ohne Antwort ist er.

Der dunkle Engel in hellen Nächten
Der Hinterfragende.
Er sät den Zweifel in dich, der dich ins Wanken bringt,
und sucht eine Wahrhaftigkeit, die zum Antrieb wird.
Seine Fragen brennen unter der Haut.
Gewissheiten betrachtet er skeptisch.
Der Stachel im Herzen ist er.

Der helle Engel in dunklen Nächten
Der Stärkende.
Er kennt die Menschenwege, ihre Stolpersteine und steilen Strecken.
Seine Worte sind niemals leer.
Du spürst seine Hände behutsam im Rücken
und was er sagt, klingt lange ihm Ohr.
Das flackernde Lichtwort auf deinem Weg ist er.

Der helle Engel in hellen Nächten

Der Verklärte.
Was man von ihm erzählt, klingt immer ein wenig kitschig:
Zu schön, zu heil, zu makellos,
Doch dann sehe ich eine gleißende Straße aus Licht
und eine Stimme vollkommener Klarheit weist einen Moment lang ins Morgen.
Das visionäre „Ja" Gottes ist er.

Gutes tun

Genug

> Gutes zu tun und mit andern zu teilen vergesst nicht; denn solche Opfer gefallen Gott.
> *HEBRÄER 13,16*

„Jetzt reicht's!" Oder: „Ich kriege gleich zu viel!"
Das habe ich schon oft gesagt. Meistens, wenn ich mich ärgere.
Genug haben. Zu viel kriegen. Fast immer bedeutet das etwas Schlechtes: Ich habe den Hals voll Ärger, den Buckel voll Arbeit und viel zu viel Stress.
In einem Lied des Duos „Ich und Ich" habe ich die Worte „zu viel" in einem anderen Zusammenhang gehört. Jemand sagt dort sinngemäß von sich, er sei mit allem ausgestattet, was nötig ist, wenn er noch mehr hätte, wäre es zu viel.

Das ist ein Gedanke, der mich die Blickrichtung wechseln lässt: Ich frage mich: Wo gibt es in meinem Leben Bereiche, in denen ich alles habe, was notwendig ist? Ja, wo habe ich vielleicht sogar mehr als genug?
Und plötzlich merke ich, wie ungerecht das Leben ist. Aber nicht nur gegen mich. Im Gegenteil:
Ich spüre, in wie vielen Bereichen meines Lebens ich es gut habe, da ist alles vorhanden, was ich benötige und ich bin glücklich dran.

Was tun mit dem, wovon ich mehr als genug oder gar zu viel habe?
Bei schlechten Dingen fällt es mir leicht: Ich will sie loswerden. Ach, das wäre schön, sich nicht mehr ärgern zu müssen. Etwas Arbeit abzugeben und den Stress hinter sich zu lassen.

Mit dem Guten kann ich genauso verfahren! Ich kann es loswerden, etwas abgeben davon. Damit es anderen zugutekommt.

Ich erinnere mich an eine Frau in unserer Kirchengemeinde, sie war im Ruhestand. Ich habe genug Zeit, sagte sie und übernahm Aufgaben, bei deren Verteilung andere verlegen nach unten schauten.
Ich habe genug Begabungen und Energie, sagen unzählige Ehrenamtliche in unserer Gesellschaft.
Sie unterrichten Geflüchtete oder engagieren sich in der Feuerwehr, sie besuchen kranke Menschen oder planen Veranstaltungen, sie treffen Entscheidungen oder machen Musik.
Ich habe genug Geld, sagen viele Menschen, und sie geben anderen davon ab. Damit diese bekommen, was sie zum Leben brauchen: Brot und Wasser, Kleidung und Bildung.

„Jetzt reicht's!“ Ich will einüben, diese Worte nicht nur im Blick auf das Schlechte zu sagen, sondern auch im Blick auf das Gute. Zu entdecken, wovon ich genug oder sogar zu viel habe, lässt mich dankbar werden und die Blickrichtung ändern. Ich fühle mich beschenkt und werde bereit, mit anderen zu teilen.
Eine solche Haltung scheint mir ein Schlüssel zum Glück zu sein.

Ich darf

Dem anderen etwas schenken.
Meine Zeit. Mein Lächeln.
Mein Geld. Meine Kraft.

Schenken macht mich
nicht ärmer.

Im Gegenteil.

10. Dezember: Tag der Menschenrechte

In der Adventszeit ist die Haut dünn. Der Unterschied zwischen der Welt, wie sie sein sollte und wie sie tatsächlich ist, wird einem oft besonders bewusst. Und der Schmerz über die Diskrepanz zwischen dem, wonach wir uns sehnen, und dem, was wir vor Augen haben, dringt tiefer in uns ein als zu anderen Zeiten.
In keinem anderen Monat ist der Wunsch nach Frieden und Gerechtigkeit so deutlich spürbar wie im Dezember. Nie ist die Spendenbereitschaft in unserem christlich geprägten Land so groß wie in der Adventszeit.

Es mag ein Zufall sein, dass mitten in diese Zeit der „Tag der Menschenrechte" fällt. Er erinnert an den 10. Dezember 1948, als von der Generalversammlung der Vereinten Nationen die allgemeine Erklärung der Menschenrechte verkündet wurde, deren Grundsatz lautet:
„Alle Menschen sind frei und gleich an Würde und Rechten geboren."

Jedem Menschen wird also eine unantastbare Würde zuerkannt. Allein aufgrund seines Menschseins stehen ihm die Menschenrechte von Geburt an zu; immer und überall auf der Welt.

Zu diesen Rechten gehören neben dem Recht auf Leben, Freiheit und Sicherheit der Person zum Beispiel auch das Recht auf Privatsphäre, auf Asyl, auf freie Meinungsäußerung und auf Arbeit und Bildung.

Auch heute noch sind wir weit entfernt davon, dass die Menschenrechte weltweit eingehalten werden.
Aber: Es gibt nun diese Richtlinie, auf die die Regierungen vieler Staaten sich verpflichtet haben und an der sie gemessen werden können.
Es gibt Organisationen, die beobachten, ob die Menschenrechte geachtet werden. Amnesty International etwa prangert jene Staaten an, die sie verletzen.

Und es gibt internationale Gerichtshöfe für Menschenrechte, zum Beispiel in Straßburg, vor denen sich Personen verantworten müssen, die diese Rechte verletzen.

Ihre frühesten Wurzeln haben die Menschenrechte lange vor der Entstehung des Christentums. Aber sie entsprechen auch der Grundhaltung, aus der Jesus Christus gelebt und gelehrt hat.
Darum passt es zur Adventszeit, dass der „Tag der Menschenrechte" uns befragt, wie es um die Würde und die Rechte jedes einzelnen Menschen steht.
Im Riss zwischen Ideal und Wirklichkeit wird unter der dünnen Adventshaut die Sehnsucht spürbar nach einer anderen Welt. Empörung wächst über jene Staaten und Personen, die über die Würde anderer hinweggehen und sie verletzen. Menschen werden bereit, sich einzusetzen für jene, denen diese Rechte versagt werden.

Der Tag der Menschenrechte stellt uns Fragen. In diesen Fragen lassen sich unterschiedliche Stimmen vernehmen. Auch die des Christus, auf den wir im Advent hoffen und warten, und der zugleich angewiesen ist auf Menschen, die seinen Ruf hören und seinen Willen tun.

Aufstehen gegen den Tod

Gott, stärke uns,
damit wir uns nicht verlieren
im Gefühl unserer Hilflosigkeit,
wenn wir schauen auf
die Wunden der Welt.

Gott, schenk uns Glauben,
wenn wir die Worte
deines Sohnes vernehmen,
der vom Kleinen erzählt,
das doch so viel bewirken kann.

Gott, gib uns die Hoffnung,
die notwendig ist,
um das Wort zu sagen,
das den Tag wendet,
um die Hand zu reichen,
die Niedergeschlagene aufrichtet,
um das Brot zu teilen,
das Hungrige sättigt,
um aufzustehen
gegen den Tod.

Jesus vor der Tür

Bald nach der so besonderen Nacht, in der der Himmel offen stand, die Engel nah waren und Glanz die Gesichter derer im Stall erhellte, geschieht etwas Unheimliches. Ein Engel besucht den Josef im Traum und fordert ihn auf: „Steh auf, nimm das Kindlein und seine Mutter mit dir und flieh nach Ägypten“ (Matthäus 2,13). Das Leben des Neugeborenen sei bedroht. Herodes, der Herrscher, trachte ihm nach dem Leben.

Knapp erzählt der Evangelist, was dann geschah: Josef stand auf, „nahm das Kindlein und seine Mutter mit sich bei Nacht und entwich nach Ägypten“ (Matthäus 2,14). Dort seien die drei bis nach Herodes' Tod geblieben.

Ein hastiger Aufbruch in der Nacht. Schnell ein paar Habseligkeiten zusammengerafft. Dann der Weg in ein fremdes Land. Nackte Angst. Unbekannte Sprache. Angewiesen sein auf die Güte anderer Menschen. Wir kennen die Bilder von Geflüchteten gut. Viele Menschen tragen sie in sich als eigene Erfahrung. Anderen sind sie vertraut aus den Nachrichten. Lange Züge von Menschen mit einem Bündel in der Hand, einem Sinnbild ihres reduzierten, fragilen Lebens. Kinder, die zwischen Zelten spielen, während ihre verzweifelten Eltern ins Mikrofon sprechen, das ein*e Reporter*in ihnen hinhält.
Mehr als 70 Millionen Menschen sind in den Tagen, in denen ich dies schreibe, auf der Flucht vor Elend und Krieg, die ihr Leben bedrohen. Nach Europa kommen die meisten von ihnen über das Mittelmeer. Oft haben sie ihr letztes Geld gegeben für die Überfahrt in einem der überfüllten und maroden Boote der Schlepper. Viele überleben die Reise nicht. Jene, die endlich das Festland betreten, haben Unsägliches erlebt und sind oft vollkommen erschöpft.

Dass sie auch in Europa nicht immer gute Erfahrungen machen werden, ahnen sie möglicherweise schon. Immer wieder gibt es solche, die vor

Flüchtlingsheimen protestieren. In der Zeitung lese ich von einem jungen Mann, der einen Afrikaner verprügelt hat, nur weil der eine andere Hautfarbe hat als er selbst.

Aber diese Begebenheiten bilden nur einen Teil der Wirklichkeit ab.
In Deutschland wurde auch der Begriff „Willkommenskultur" geprägt.
Und es gibt immer mehr Menschen, die ihn mit Leben füllen:
Elisabeth, eine ältere Dame, backt für die neu angekommene Familie in der Nachbarschaft Kuchen. Sie bietet an, die Kinder bei den Hausaufgaben zu unterstützen. Gerührt nimmt sie ein Bild entgegen, das das Mädchen Ayla für sie gemalt hat.
Student*innen nehmen einen Geflüchteten in ihre Wohngemeinschaft auf. Bei Behördengängen unterstützen sie ihn. Abends spielen sie miteinander Gesellschaftsspiele. Alle fühlen sich bereichert durch die Kultur des jeweils anderen.
Es geschieht wie selbstverständlich, dass Menschen die Fremden freundlich empfangen und ihnen einfühlsam zur Seite stehen.

Wenn sie das tun, hat es eine Bedeutung, von der sie selbst womöglich nichts ahnen. Ich stelle mir vor, dass diese Menschen ähnlich erstaunt wären wie jene, von denen der erwachsene Jesus in einem Gleichnis erzählt.
Als am Ende der Zeiten der Richtende, der die Züge des Gottessohnes trägt, zu ihnen sagt: „Ich bin ein Fremder gewesen und ihr habt mich aufgenommen", wissen sie nicht, wovon er spricht, und fragen verwundert nach:
„Wann haben wir dich als Fremden gesehen und haben dich aufgenommen?" (Matthäus 25,35f.)
Sie haben es selber gar nicht gemerkt, absichtslos und selbstverständlich haben sie denen geholfen, die Hilfe brauchten. Und so haben sie – ohne es zu wissen – den Gottessohn gesehen, der sich nicht nur mit den Ärmsten solidarisiert, sondern sich sogar mit ihnen identifiziert: „Was ihr getan habt einem von diesen meinen geringsten Brüdern [und Schwestern], das habt ihr mir getan" (Matthäus 25,40).

Geflüchtete sind kein Problem, sie sind eine Anfrage an unsere Menschlichkeit. Wenn wir sie aufnehmen und willkommen heißen, geben wir uns und ihnen die Möglichkeit, einander zum Segen zu werden.

Weihnachtslied

Leise rieselt der Schnee
auf Geflüchtete.
Klappernde Kälte
in Kindern und Alten.

Singt noch ein Bote:
Fürchtet euch nicht?
Breitet er Fittiche aus
daunenweich
über Kinder und Alte?

Worte reichen
nicht weit genug.
Die Hände müssten
zu singen beginnen,
man müsste,
um Engel zu werden,
bewandert sein
im Nestbau.

Ein Nikolaus mit Knopf im Ohr

Ein Dezembermorgen im Supermarkt. Am Ende einer langen Schlange stehe ich vor der Kasse und übe mich in Geduld. Eine ältere Frau schiebt ihren Wagen hinter mich, sie seufzt: „Oh wei."
„Im Dezember muss man Zeit mitbringen", sage ich. Der Mann, der vor mir steht, ergänzt: „Und dazu ist noch Montag, da ist es immer voll." Er ist groß, vollbärtig und hat einen Knopf im Ohr.
Die Frau meint: „Ja, die an der Kasse tun, was sie können."
Wir drei kommen in ein Gespräch, das uns die Wartezeit verkürzt.
Endlich ist der Mann an der Reihe. Er beginnt, seinen Wagen auszupacken „Bei mir kann es dauern!", sagt er. Nikoläuse und Schokoherzen, Marzipankartoffeln und Mandarinen wandern auf das Kassenband. Leckereien in Hülle und Fülle.
„Na, Sie haben wohl eine Großfamilie, was?", sagt die Frau an der Kasse.
Er entgegnet: „Nein, das ist für meine Leute. Ich packe Tüten zum Nikolaus für sie."
Ein Nikolaus also. Mit Rauschebart und Knopf im Ohr.

Ein Nachfolger jenes Mannes, der im 4. Jahrhundert als Bischof von Myra in der heutigen Türkei wirkte und von dem viele Legenden erzählen. Zahlreiche Wunder soll er vollbracht haben. Einmal habe er Korn vermehrt, heißt es von ihm, um es an Arme zu verteilen. Ein Sturm sei still geworden durch seine Gegenwart, und sogar einen Toten habe er auferweckt.
Dass wir einander am Nikolaustag, dem Gedenktag seines Todes, beschenken, geht wohl auf folgende Legende zurück:
Nikolaus erfuhr von einem Mann, der in Armut geraten war und nun seine drei Töchter in die Prostitution schicken wollte. Daraufhin soll der Heilige in drei aufeinanderfolgenden Nächten jeweils einen Goldklumpen durchs Fenster des Hauses geworfen haben, in dem die drei Jungfrauen wohnten. So bewahrte er sie vor der Prostitution.

Der Nikolaus im Supermarkt erzählt nicht, wer genau „seine Leute" sind. Aber man kann sich denken, dass es Menschen sind, die in besonderer Weise angewiesen sind auf einen, der auf sie achtet.

Als ich auf dem Parkplatz meinen Einkaufswagen zum Auto schiebe, packt er gerade seine Sachen ein. Der Knopf in seinem Ohr blitzt in der fahlen Dezembersonne. Der Nikolaus klappt die Tür zur Ladefläche zu und steigt ins Auto. Als er losfährt, lächelt er mir noch einmal freundlich zu.

Wie Manna

Gottes Gaben gibt es
für diesen Augenblick,
für diesen einen Tag.

Nichts, um es in Körbe zu sammeln
und zu horten für schlechtere Tage.
Nichts, um es auf einem Bankkonto anzusparen
oder in Schatzkammern anzuhäufen.

Nimm, du wirst erfahren:
Es ist genug.
Gib, du wirst erfahren:
Es ist genug,

Heute und hier.

Michel und die Armenhäusler

Michel aus Lönneberga wohnt mit seinen Eltern auf dem Katthulthof und ist ein richtiger Bengel. Aber manchmal ist er auch ein Engel. Astrid Lindgren erzählt davon in folgender Geschichte:

Kurz vor dem Weihnachtsfest packt Michels Mutter Alma wie in jedem Jahr die köstlichsten Speisen zusammen: Weißbrot und Pfefferkuchen, Würste und Sülze, Klöße und Schinken, ja, sogar eine Dose mit Schnupftabak wandern in einen großen Korb.
Den tragen Michel und seine kleine Schwester Ida zum Armenhaus, wo eng zusammengepfercht all die wohnen, die gar nichts haben. Vor allem sind es alte und manchmal auch ein wenig seltsame Menschen. Sie hausen dort unter der Fuchtel einer furchtbaren Aufseherin, der Maduskan.
Am ersten Weihnachtstag – Michels Eltern sind nicht zu Hause – kommt aus dem Armenhaus der Stolle-Jocke zum Katthulthof. Unter Tränen erzählt er, dass die Maduskan das ganze köstliche Essen schon vor dem Fest in sich hineingestopft habe, alles habe sie aufgegessen, und zwar ganz allein. Nun müssten die anderen armen Menschen hungern – und das an Weihnachten!
Michel packt eine unbändige Wut und ein großes Mitleid. Hier muss geholfen werden, denkt er sich.
Er weiß: Die Speisekammer auf Katthult ist randvoll, denn am nächsten Tag soll es ein Festessen für die Verwandten geben. Die aber haben doch schon das ganze Fest lang gut gegessen, denkt Michel sich.
Er überlegt nicht lange. Und er macht auch keine halben Sachen: Er deckt den Tisch mit allem, was es auf Katthult gibt: Kalbskoteletts und Heringssalat, Weihnachtskäse und Sirupbrot, Apfelkuchen und Erdbeerkompott und vieles mehr. Dann macht er sich auf den Weg zum Armenhaus und lädt die Menschen dort zum Essen ein.
Das gibt ein Festmahl, wie es in Lönneberga noch keiner gesehen hat! Die Armenhäusler hauen sich die Bäuche voll und sind so fröhlich und

glücklich wie schon lange nicht mehr. Ja, Stolle-Jocke denkt gar, er sei schon im Himmel.
Und vielleicht hat er gar nicht so unrecht. Wo Menschen wie dieser Bengel Michel zum Engel werden, wo sie teilen und schenken, ohne lange zu überlegen – da kommt ein Stück vom Himmel auf die Erde.

(nach Astrid Lindgren, Immer dieser Michel, Oetinger Verlag, Hamburg 1988.)

Mitmachen erwünscht

Ich will dem Durstigen geben von der Quelle des lebendigen Wassers umsonst.
OFFENBARUNG 21, 6

Umsonst: Gott verschenkt sich. Aus der Quelle seiner selbst schöpft er Leben und reicht es weiter: Nehmt und trinkt.
Eine Gegenleistung ist nicht erforderlich. Kein Geld, das über den Ladentisch wandert. Keine Rechnung, die zu begleichen wäre. Das Leben, das Gott uns gibt, ist geschenkt.

Wie wäre es, das kleine Wort „umsonst" weiterzureichen?
Den Ladentisch beiseitezuräumen. Die Rechnung zu zerreißen. Zeit und Geld, Begabungen und Wissen, Liebe und Leben aus den Gesetzen des Marktes zu befreien.

Stunden in den Wind streuen, den Tag durchschlendern, das Leben feiern. Im Wolkenkuckucksheim wohnen, sich einen Herzenswunsch erfüllen, neugierig sein.
Sich beschenken lassen mit Leben.

Kindern vorlesen, Rollstühle schieben, anderen Herzenswünsche erfüllen. Spendenkonten anreichern, Fremde willkommen heißen.
Sich selbst verschwenden an andere.

Das kleine Wort „umsonst“ hat viele Spielarten. Vielleicht ist es kraftvoll genug, um eine Kultur des Schenkens zu begründen.

Mitmachen erwünscht.

(Tina Willms, Wo das Leben entspringt. Inspirationen zur Jahreslosung und den Monatssprüchen 2018.)

Charmanter Kreislauf

Ich wünsche dir,
dass du verschont bleibst
vom sauertöpfischen Blick
des Geizes
und von der Verkniffenheit
eines Mundes,
der behauptet,
alles im Leben sei
selbst verdient.

Ich wünsche dir,
dass du eintrittst
in den charmanten Kreislauf
des Schenkens,
der beiden ein Lächeln
ins Gesicht zaubert:
Gebenden und Empfangenden.

Nach Sternen greifen

Der verlorene Stern

Wer weiß schon, was in den Steinen ruht?

In diesem Stein schliefen drei Könige.
Ihren Stern hatten sie verloren.

Dabei hatte alles so gut angefangen. Was für eine Entdeckung, dieser Stern. Er musste etwas Besonders anzeigen. Sein Schweif, als winke er sie auf einen Weg. Sie hatten nicht lange gezögert, sondern sofort ihre Sachen gepackt.

Hellwach waren sie gewesen, als sie dem Stern dann folgten. Hellwach auf dem beschwerlichen Weg durch die Wüste. Mit dem Stern hatte die Hoffnung gestrahlt. Großes würde sie erwarten, so groß, dass es alles übersteigen würde, was sie sich hatten vorstellen können.

Zum Schlafen war kaum Zeit geblieben. Am Tag waren sie ein paar Stunden in einen leichten Schlummer gefallen, der von Bildern und freudiger Anspannung durchzogen gewesen war.

Und dann? Eines Nachts war der Stern verschwunden. Nicht mehr aufgetaucht an der Stelle, wo sie ihn sicher erwartet hatten. Nicht mehr auffindbar zwischen den anderen.
Lange hatten sie versucht, ihn wiederzufinden. Schließlich aber hatten sie aufgegeben.

Was vorher gewiss war, wandelte sich nun in bedrängende Fragen:
Wie soll es weitergehen? Weitersuchen, wenn man nicht weiß, in welche Richtung es geht? Oder umkehren an den Ort, von dem man aufgebrochen ist? Zurück an die alten vertrauten Stätten, an denen man sich zwar auskennt, wo man jedoch das Ersehnte nicht finden wird.

Luftleer ist dieser Zwischenraum, in dem man sich nicht entscheiden kann. Alles, was man tut, könnte sich später als falsch erweisen. Die Ungewissheit zermürbt auf unproduktive Weise.

Müde und mutlos waren sie. Müde von der verlorenen Hoffnung. Mutlos von der vergeblichen Anstrengung.
Sie hatten die große Decke aus dem Gepäck gekramt. Dann hatten sie sich verkrochen unter dem schweren Tuch mit dem labyrinthischen Muster. Und waren in den tiefen Schlaf der Erschöpfung gefallen, der gelegentlich die Glieder bleiern macht. Als ob man nie wieder aufstehen könne.

Dann aber fand einer die drei Könige. Gislebertus war es wohl, der sie hervorholte aus dem Stein. Im 12. Jahrhundert bekam er den Auftrag, die Kathedrale von Autun im Burgund mit seiner Kunst zu gestalten und auszuschmücken. Nun machte er sich an eines der Kapitelle, die die Säulen im Inneren einmal schmücken sollten.

Ich stelle mir vor, wie er sorgsam den Stein bearbeitet. Wie er selbst neugierig darauf ist, was hervorkommen und unter seinen Händen entstehen wird.
Was mag zuerst zu sehen gewesen sei? Die Hand? Das Muster der Decke, ihre Rillen, ihre Struktur?
Fast sehe ich vor mir, wie Gislebertus die Konturen der Könige aus dem Stein herausmeißelt, dann die große Decke hervorholt, unter der sie sich ausschlafen von ihrer Mutlosigkeit.

Und dann entdeckt Gislebertus den Engel im Stein. Zuerst einen Finger, der vorsichtig auf die Hand des ersten Königs tippt. Die Hand, die dazugehört. Neugierig meißelt Gislebertus auch sie hervor.

Das Gesicht des Engels: hellwach.

Eine Hand des Engels tippt behutsam den ersten König an. Und der schlägt tatsächlich seine Augen auf.
Irritiert schaut er den Engel an. Leicht spürt er den Finger auf der eigenen Hand, als berühre der Himmel die Erde.

Dann folgt er mit seinem Blick der anderen Hand des Engels. Seine Augen gehen dem langen Finger nach, der in den Himmel weist: „Da ist doch der Stern", sagt der Finger und deutet zum Firmament, das dunkel über ihnen geschwiegen hat.
Und tatsächlich, da ist er, der Stern. Gislebertus setzt vorsichtig den Meißel an und holt ihn hervor aus dem hellen Sandstein.

Und der König? Sein Blick folgt der Hand, die zum Himmel zeigt. „Da ist doch der Stern", sagt er leise und wischt sich die Augen. Vielleicht träumt er nur?
Nein, auch beim zweiten und dritten Blick bleibt der Stern stehen. Als ob er schon immer dort gewesen sei.

Was wird der König nun tun?

Ich stelle mir vor, wie er sich löst aus der Versteinerung. Wie er die anderen weckt. Kommt, kommt, der Stern, er ist wieder da.

Und dann löst sich die Müdigkeit auf wie ein dichter Nebel im Sonnenlicht. In die schweren Glieder strömt neu das Blut. Und der Mut.

Alle drei sind plötzlich hellwach. Von der kühlen Nachtluft, dem klaren Himmel und dem wiedergefundenen Stern. Einer wagt sogar ein kleines, jubelndes Tänzchen.

„Weiter, wir müssen weiter", sagt der zweite, der manchmal ein wenig zu vernünftig erscheint. Schnell packen sie die große Decke ein, trinken einen Schluck Wasser und machen sich neu auf den Weg.

Stumm wäre der Stein bis heute, ohne den Blick und die Hände des Gislebertus. Er ist es, der sieht, was darin ruht. In einem steinernen Klotz vermag er zu entdecken, was anderen verborgen bleibt. Und so holt er eine ganze Geschichte aus dem Stein hervor.

Zunächst gibt er den Königen ihren Stern zurück. Da ist er doch, der Stern. Seht ihr ihn denn nicht?
Und die Menschen, die ihre Richtung verloren haben, bekommen eine Idee, wie es weitergehen könnte.

Aber seine Geschichte geht weiter, bis heute erzählt er sie uns, und er erzählt uns damit auch unsere eigene Geschichte.
Denn das gibt es wohl in jedem Leben. Diesen Moment, in dem es nicht mehr weitergeht. Wenn nicht mehr gilt, was vorher galt. Und der Stern verschwindet, dem ich gefolgt bin und der mich leitet. Unauffindbar ist, was vorher so offensichtlich war. Und mit dem Stern geht auch die Hoffnung verloren, gehen verloren Mut und Antriebskraft. Bis man sich verkriechen möchte unter der schweren und dunklen Decke der Depression.

Möge dir dann ein Engel begegnen, der deine Erschöpfung sieht. Einer, der eine Geschichte erzählt, die wie die eigene klingt.

Möge ein Engel dir begegnen, der sagt: Da ist er doch, dein Stern. Deine Hoffnung. Dein Weg.

Mögest du selbst hin und wieder der Engel sein.

(Das Steinrelief „Traum der Könige“ befindet sich im Kapitellsaal der Kirche Saint Lazare zu Autun in Frankreich. Bilder davon findet man im Internet.)

Zu lang

Zu lang schon
den Sternen nicht mehr gelauscht –
wie sie ohne Getöse
von grenzenlosen Weiten
erzählen

als kennten sie keinen
Superlativ.

Still und leise
raunen sie ins Auge,
was nicht zu denken ist.

Und meine Pupille
stimmt ein
in staunendes Schweigen.

Stroh und Stern

Ein Halm, langsam gewachsen aus einem Korn. Eine Blüte bildete sich. Später bog sich der Halm unter der reifen Frucht. Da war er schon trocken geworden. Er wurde geschnitten und lag am Boden. Einer hat ihn aufgehoben. Und mit ihm viele andere.
Kinder trinken mit solchen Halmen. Manchmal wird einer zum rettenden Strohhalm.
Menschen liegen auf Stroh in der Nacht. Tieren dient es als Streu in ihren Ställen.

Einmal – so wird erzählt – füllte man eine Krippe mit Stroh und legte ein neugeborenes Kind hinein. Von nah und fern kamen Menschen, um es zu sehen. Verwirrte Hirten erzählten von einem großen Gesang. Weise Männer sprachen mit einem Staunen in der Stimme von einem hellen Stern.

Genau in diesem Moment sammelte ein Hirtenkind ein paar Strohhalme auf, die aus der Krippe gefallen waren. Es wendete sie in den Händen hin und her. Dann legte es sie übereinander.
In der gemeinsamen Mitte verband das Kind sie mit einem losen Faden, den es von seinem Gewand abriss.
Die gemeinsame Mitte, sie machte die Halme zum Stern. Vorsichtig legte das Hirtenkind ihn an die Krippe und staunte über seinen Glanz.
Der Strohstern: Er verbindet Stroh und Stern, Himmel und Erde, Nacht und Licht. Irdisches erhält einen Glanz, Himmlisches einen Stallgeruch. Gott wird Mensch in einem Kind.
Und wenn wir es in die Mitte nehmen, leuchten wir als ein besonderer Stern. Licht fällt ins Dunkel, Rettendes naht in der Not, Wege werden sichtbar, Himmelsglanz scheint auf.

Himmel und Erde

Gott wird Mensch,
sagt der Strohstern
und verbindet
Himmel und Erde.

Siehst du
den Glanz?

Nun werden
die Äste der Tanne
zu Hoffnungszweigen.

Die Nacht ist vorgedrungen
(zu EG 16)

Wer an einem klaren Wintermorgen aus dem Haus geht, der sieht einen besonders hell glänzenden Stern: den Morgenstern. Dahinter lässt sich der anbrechende Tag erahnen, bald schon wird der Himmel heller und oft folgt – vor allem im Winter – eine fast unirdische Morgenröte.

Der Morgenstern: wer ihn sieht, weiß: Nun ist die Nacht vorbei, in der einen manches bedrängt und ins Grübeln bringt, die Dunkelheit schwindet, Finsternis weicht dem Licht.
Früh wurde der Morgenstern in der christlichen Tradition zum Symbol für Jesus Christus:
Mit ihm bricht Neues in die Welt hinein. Wie dieser erste Stern am noch dunklen Himmel kündet er davon, dass unaufhaltsam ein Licht in die Welt kommt, sich ausbreitet und einen hellen Schein bringt für die, die sich im Dunklen befinden.

Jochen Klepper beschreibt im Dezember 1937 diesen Morgenstern, Jesus Christus, in seinem Gedicht „Die Nacht ist vorgedrungen". Johannes Petzold schreibt eine Melodie dazu.
Eines der bekanntesten Adventslieder des heutigen evangelischen Gesangbuches entsteht.
Es entsteht in einer finsteren Zeit, im nationalsozialistischen Deutschland. Der Dichter Jochen Klepper ist verheiratet mit Hanni, einer jüdischen Frau, die ihre zwei Töchter mit in die Ehe gebracht hat. Man setzt ihn unter Druck, sich scheiden zu lassen, aber er weigert sich. Seine berufliche Tätigkeit beim Rundfunk und als Redakteur des Ullstein Verlages muss er aufgeben. 1937 wird er aus der Reichs-Schrifttumskammer ausgeschlossen, nur aufgrund einer Sondergenehmigung, die jederzeit erlöschen kann, ist ihm ein literarisches Wirken weiterhin möglich.

Die Sorge um Hanni und die Kinder lastet quälend auf der Familie. Nur der älteren Tochter Brigitte gelingt die Ausreise nach England.
1942 steht die Deportation von Hanni und ihrer jüngeren Tochter Renate bevor. Am 10. Dezember schreibt Jochen Klepper in sein Tagebuch:
„Wir sterben nun – ach, auch das steht bei Gott – Wir gehen heute nacht gemeinsam in den Tod. Über uns steht in den letzten Stunden das Bild des segnenden Christus, der um uns ringt. In diesem Anblick endet unser Leben."
In der darauffolgenden Nacht nimmt die Familie sich das Leben.

Finsternis hat das Leben Jochen Kleppers und seiner Familie über viele Jahre hinweg geprägt.
Mitten darin aber war doch so etwas wie Halt und Trost im Glauben. So wie das Gedicht es ausdrückt, das die dunkle Seite des Lebens nicht leugnet und das vielleicht genau deshalb bis heute als anrührend und wahrhaftig empfunden wird.
Deutlich klingt an: Tränen wird es weiterhin geben, noch manche Nacht wird fallen auf Menschenleid und -schuld. Aber seit dieser einen Nacht, in der das Kind geboren wurde, hält solches Dunkel uns nicht mehr. Gott selber ist gekommen, um unter uns zu wohnen, sein Licht scheint auf, Glanz fällt in das Leben und hellt es auf. Noch ist es finster. Doch der Morgenstern ist aufgegangen, Beistand ist da. Die Nacht ist im Schwinden, Trost ist nah wie das Licht des anbrechenden Morgens.

In deiner Hand

Guter Gott,
kein Leben, das frei wäre
von Schmerz und Trauer,
Leid und Schuld.

Doch du kommst in diese Welt
und sprichst ein neues Wort
über unser Leben.

Das Dunkel hält
uns nicht mehr,
du umfasst es ja
und hältst uns
an jedem Ort,
zu jeder Zeit,
sogar im Dunkel
behutsam in deiner Hand.

In dunklen Zeiten

Ich wünsche dir,
dass dir selbst in dunklen Zeiten
die kleinen Sterne auffallen,
die glitzern und leuchten,
unbeirrt von dem,
was finster ist
um sie herum.

Ich wünsche dir das Vertrauen,
dass der Morgenstern
schon am Himmel ist,
auch wenn du ihn
noch nicht siehst.

Ich wünsche dir die Zuversicht,
dass das Licht wächst,
weil Gott sich
auf den Weg gemacht hat
zu dir.

(Tina Willms, Mit Segenswünschen durch das Jahr, Thomas-Verlag, Leipzig 2013.)

Transparenz

Transparenz: In Kindertagen gehörte dieses Wort für mich in die Adventszeit, ich kannte es, weil wir Sterne bastelten aus Transparentpapier.

Erst später hörte ich das Wort auch in anderen Zusammenhängen. Dann war es meist verbunden mit einer Forderung nach Durchsichtigkeit: dunkle Machenschaften sollten ans Licht kommen; unklare Finanzstrukturen einer Organisation öffentlich dargelegt werden, geheimnisvolle Redeweisen für alle verständlich übersetzt werden.
Der Begriff Transparenz, der aus dem Lateinischen stammt, lässt sich tatsächlich mit „durchsichtig" übersetzen.

Weitere, fast in Vergessenheit geratene Bedeutungen des Begriffes sind „durchscheinend", „Licht durchlassend". Von ihnen hat das transparente Papier seinen Namen.

In der Adventszeit verwenden auch heutzutage noch Kinder und Erwachsene diese lichtdurchlässigen Blätter, um daraus kleine Kunstwerke herzustellen: Nicht nur Sterne entstehen, sondern ganze Szenen oder Geschichten werden mithilfe von farbenfrohen Transparenten erzählt.

Sind sie fertiggestellt, so benötigen Transparente ein Licht, das durch sie hindurchfällt, um ihre leuchtende Schönheit zu entfalten.
Dann werfen sie bunte Lichtflecken ins Dunkel, setzen durch eine ungewohnte Farbe einen besonderen Akzent oder heben ein Detail hervor, das sonst unbemerkt bliebe. Altbekanntes entsteht auf verwundernde Weise neu.

Transparentes Papier hebt das Geheimnis nicht auf, sondern wahrt es und bringt es zum Leuchten. So erzählt es nicht nur die Geschichte der Heiligen Nacht, sondern versinnbildlicht sie zugleich:

Gottes Liebe fällt in dieser Nacht wie ein Licht auf die Erde. In Hirten und Weisen beginnt sie aufzuscheinen. Durch Menschen wie wir es sind – du und ich – schimmert eine Schönheit hindurch, die nicht aus uns selber kommt. Ein Funkeln entsteht, das vorher nicht da war. Neue Seiten kommen zum Vorschein und bringen andere ins Staunen.

Gottes Geheimnis bleibt unergründlich; unsichtbar bleibt es nicht. Im Irdischen, im Menschlichen schimmert der Himmel durch. Farben leuchten anders als vorher, und wer sie wahrnimmt, wundert sich, wird froh und staunt über den geradezu überirdischen Glanz.

Schatten im Licht

An einem Abend im Advent bin ich im Auto unterwegs. Das Wetter ist scheußlich, wenig adventlich, draußen ist es um die zehn Grad und es gießt. Dicke Tropfen prasseln auf die Scheibe; der Scheibenwischer hat auch auf der schnellsten Stufe kräftig zu tun.

Eine Ampel zeigt Rot, ich halte an. Von oben fällt das Licht einer Straßenlampe auf die Windschutzscheibe. Es wirft die Schatten der Regentropfen durchsichtig auf die Armatur. Der Scheibenwischer wischt sie in einem schnellen Takt wieder weg. Wieder und wieder entsteht dann ein anderes transparentes Schattenmuster aus kleinen und großen Tropfen.

Es sind Schatten, die das Licht der Straßenlampe hervorbringt und auf die es zugleich fällt. Jedes Muster, das neu entsteht, ist von bezaubernder, aber nur kurz anhaltender Schönheit.

Wenn etwas transparent ist, und Licht fällt hindurch, dann leuchtet sogar der Schatten. Und wenn noch ein heller Schein von oben dazukommt, so liegt für eine Weile sogar der Schatten selbst leuchtend im Licht.

Adventswunsch

Durchleuchte mich,
lass mich ein Stern sein.

Transparent, filigran
am Fenster zur Welt

will ich Sehnsucht nähren
nach Deinem Licht.

Sterne: Oben, unten, neben dir

Oh nein. Ausgerechnet jetzt.
Jetzt, wo die Gäste hier unter freiem Himmels sitzen, um ein Naturschauspiel zu erleben, das einmalig sein wird in der Geschichte des Universums.
Der Komet Hale-Bopp wird den Nachthimmel durchwandern. So wie er es alle 2534 Jahre für einige Monate lang tut. Und gleichzeitig wird der Mond in den Erdschatten gleiten und sich verfinstern. Dann wird das Licht des Kometen, der einen Schweif hinter sich herzieht, umso heller erscheinen.

Und nun das. Ausgerechnet jetzt: Sein Schuh bleibt hängen an einem Kabel, das auf dem Boden liegt. Das schwere Tablett gleitet ihm aus den Händen. Er selbst fällt hinterher. Ein Scheppern, ein Klirren.
Die Hose zerrissen, das Hemd klatschnass und klebrig. Und auf dem Boden die Scherben.
Tausende. Von irgendwo scheinen sie Licht einzufangen und glitzern nun selbst wie Sterne.

Mit rotem Kopf kriecht er über den Boden, um die tropfnassen Bruchstücke einzusammeln.
Meint, im Rücken schon die Beschimpfungen zu hören: Muss dieser Tollpatsch ausgerechnet diesen Moment stören, der so einzigartig ist, dass er fast etwas Heiliges hat?
Doch während er sammelt, hört er nichts. Nur die Stille, die eingehüllt zu sein scheint in Dunkelheit.

Sieht dann eine Hand, die sich ihm entgegenstreckt, als ob sie ihn aufrichten wolle. Doch er kriecht weiter, würde am liebsten im Boden versinken. Da spürt er sie um sich, hinten und vor sich und an den Seiten. Die anderen Menschen.

Nicht alle, viele jedoch, haben den Blick vom Himmel zur Erde gewendet, fort vom Schauspiel am Firmament zum Drama, das sich eben am Boden abspielt. Sind dann aufgestanden und haben sich selbst auf die Erde gekniet. Nun sammeln sie mit dem Kellner die Scherben ein. Als pflückten sie Sterne.

Als seien sie selbst, jede und jeder, ein Stern.

(zu Christoph Ransmayr, Sternenpflücker, aus: Atlas eines ängstlichen Mannes, S. Fischer, Frankfurt am Main, 4. Auflage 2012, S. 36ff.)

Zwischen Hirten und Weisen gehen

Von Träumern und Realisten

Ob es ein Zufall ist, dass die Hirten das große Licht sehen mitten in der Nacht, die Weisen aber dem Stern folgen müssen?

Die Hirten: In den Krippenspielen erscheinen sie in schmuddeliges Fell gekleidet, manchmal mit einem derben Ton in der Stimme. Sie bringen solide, lebenspraktische Dinge mit: ein Brot, ein Lamm, eine wärmende Decke.
Ob sie lesen und schreiben können? Wohl eher nicht.

Die Weisen: In den Krippenspielen sind sie dargestellt als Männer in kostbaren Gewändern.
Teure Geschenke tragen sie in den Händen: Weihrauch, Myrrhe und Gold.
Ob sie wissen, wie man einem Lamm auf die Welt hilft? Wohl eher nicht.

Ob es einen Grund hat, dass sich über denen der Himmel öffnet, die Dreck und Dunkelheit gewohnt sind und beides nicht scheuen? Machen wir uns das Klischee zunutze und stellen wir sie uns ruhig einmal als etwas derbe, eher arme, vielleicht auch ungebildete Realisten vor:
Ihnen werden nun die Flügel der Träume verliehen. Ihr Weg zur Krippe ist lichtgesäumt und nah. Ein Abglanz des Engelscheins liegt auf ihren Gesichtern.
Sie, die sonst wohl oft hinten anstehen müssen, treffen in allen Krippenspielen als Erste ein im Stall.

Ob es ein Zufall ist, dass die Sternengucker den weiten Weg gehen müssen? Machen wir uns das Klischee zunutze und stellen wir sie uns ruhig einmal als reiche Träumer vor: Als solche durchwandern sie nun die weite und läuternde Wüste der Realität. Ihre kostbaren Kleider werden staubig. Sie lernen Hunger und Durst kennen, Dornen und Dunkelheit.
Sie, vor denen sich viele ehrfürchtig verneigen, kommen in allen Krippenspielen als Letzte an im Stall.

An der Krippe stehen sie nun nebeneinander:
Die Hirten mit ihren flüchtigen Heiligenscheinen.
Die Weisen mit ihren dornenzerkratzten Armen.

Hier im Stall streiten Träumer und Realisten sich nicht. Sie sind auf dem Weg ja in den Schuhen des anderen gegangen.
Sie ahnen wohl schon, dass das das Leben eher komplizierter als einfacher macht. Wer die Welt des anderen betreten hat, dem zerbrechen die Klischees. Wo die verkratzten Träume und die beflügelte Realität aufeinandertreffen, werden Sehnsucht, Fantasie, Kreativität und Kraft frei. Es entsteht ein Raum, in dem geerdete Wunder geschehen.
Ein Kind hat das möglich gemacht. An der Krippe stehen sie nun, Hirten und Weise, und staunen.

Schweigen und Staunen

Gott,
es ist so leicht,
ein Urteil zu sprechen,
wenn man den Weg des anderen
nicht kennt.

Verschließ uns die Lippen,
wenn sie reden wollen,
obwohl sie nichts zu sagen haben.

Lehr uns
Fragen und Verstehen,
Hören und Sehen,
Schweigen und Staunen.

Weiser werden

Möglich, dass
der Weg zur Krippe
durch Wüsten führt,
dass du stolperst
über Steine und Zweifel
und Dornen dir
das Gesicht zerkratzen.

Bitterkalt könnte es werden,
einsam und finster,
vielleicht ziehen Stürme auf
und dich hungert
nach Brot und Leben.

Doch wagst du es, loszugehen,
heraus aus deinem Haus,
dem Dorf, der Stadt,
ziehst du aus
aus deinen Gewohnheiten
und dem so fest Gefügten:

So steht über dir
ein Stern.

Ohne das Deutewort

Und wenn sie gar nicht losgegangen wären? Man stelle sich vor:
Die Hirten hatten andere Sorgen an diesem Abend. Ein Schaf war verloren gegangen. Zwei mussten es suchen, die fehlten nun schon, um über die Herde zu wachen.
Diese großen Versprechen erwiesen sich sowieso meist als leer, sagte der eine. Zu oft sei er enttäuscht worden, als dass er solch großartigen Worten noch trauen könne.
Ein anderer war da, der erklärte das Ganze zu einem unvergesslichen Traum, den man im Herzen bewahren solle, damit er wärme in kühlen Nächten.
Aber, fügte er dann hinzu, in dieser alten Höhle dort hinten, nein, da sei bestimmt nichts Besonderes. Ein Kind geboren. Er glaube es nicht. Und wenn schon. Das komme doch alle Tage vor.

Und wenn sie gar nicht losgezogen wären? Man stelle sich vor:
Die Weisen waren sich nicht so sicher.
Ja, eine besondere Konstellation sei das schon, sagte der eine. Aber es komme doch öfter vor. Und er durchforstete die Geschichte der Astronomie und zählte die Sternwunder auf.
Der Zweite begann die Zusammenhänge gekonnt zu erklären. Mit Ausdrücken, die nur Eingeweihte verstanden. Die anderen nickten.
Deswegen losziehen ins Ungewisse? Nein. Lieber nicht.
Die Richtung führe ja zudem durch die Wüste. Und diesen Weg hätten schon viele nicht überlebt. Warum also sein Leben riskieren?
Lieber zu Hause bleiben und sich in den Nächten am Anblick des schönen Sterns sattsehen. Bald sei das Schauspiel sicher vorbei.

Man stelle sich vor: Sie wären nicht losgegangen, sondern geblieben, wo sie waren, am ihnen vertrauten Ort. Was wäre geworden ohne das deutende Wort, das mit Hirten und Weisen in den Stall einkehrte?

Ohne die Engelsgesänge, die in den Hirten noch weiter klangen und die sie unmöglich verschweigen konnten.
Ohne den Weg der Weisen, der noch in den Knochen war und von dem sie doch so erzählten, dass alle den Stern sehen konnten.

Im Stall wären die drei wohl allein geblieben. Vielleicht wäre es so geworden:

Maria war erschöpft, das Traumgesicht des nächtlichen Engels war längst verblasst, so wie es Träumen eigen ist, wenn das Licht des Tages sie überlagert. Müde lächelnd schaute sie auf den Kleinen. Für sie war er etwas Besonderes, ihr erstes Kind, das ihr Leben auf den Kopf stellen würde.

Und Josef? Er stellte seine Frage nicht mehr. Das Kind war da, es überzeugte durch seine Gegenwart. Ich bin sein Vater, dachte er froh, und ich will ihm ein guter Vater sein.

Angewiesen

Die Krippe
hat ihren Ort
inmitten des Dunklen,
du spürst sie nicht auf
ohne den Engel,
das Lied,
den Stern.

Fingerzeig

Ich wünsche dir
einen Fingerzeig des Himmels,
wenn du den Mut verlierst,

ein Wort,
das die Richtung weist,
wenn du nicht weiter kommst,

einen Engel,
der dich anstupst,
wenn du verzagt bist,

und über deinem Weg
einen Stern,
der die Hoffnung wachhält

auf eine Ankunft
bei ihm.

Die Klarheit des Herrn

> […] und die Klarheit des Herrn leuchtete um sie; und sie fürchteten sich sehr.
> *LUKAS 2,9*

Wenn am Heiligen Abend in der Kirche die Weihnachtsgeschichte gelesen wird – im mir seit Kindertagen vertrauten Wortlaut der lutherischen Übersetzung –, dann ist es oft dieser Satz, dem ich hinterherdenke.
„Und die Klarheit des Herrn leuchtete um sie." Gemeint sind die Hirten auf den Feldern vor Bethlehem. Sie sind es, die von der Klarheit Gottes umleuchtet werden.
Und tatsächlich scheint das, was geschieht, so überzeugend und unwiderstehlich zu sein, dass ihnen alles klar ist und keine Fragen offenbleiben.
Die Hirten verlangen nicht nach weiteren Erklärungen, sie fragen nicht, was man fragen könnte: Woher wissen wir, dass das auch wahr ist? Hast du einen Beweis? Und was wird mit der Herde, wenn wir uns einfach davonmachen?
Nein, die Hirten fragen nicht, sie gehen los, einfach so, und finden das Kind.

Ich spüre einen kleinen Neid in mir aufkommen, wenn ich das höre. „Die haben es gut", denke ich.
Wie es so ist, wenn man neidisch ist, dann möchte man nicht unbedingt das ganze Leben tauschen, aber vielleicht doch einen kleinen Teil, eine Zeitspanne, einen Moment.
Ich wäre gerne von der „Klarheit des Herrn" umleuchtet. Ein offener Himmel statt offener Fragen; Worte, bezwingend in ihrer Überzeugungskraft; ein Wegweiser, wo ich das Leben in Fülle finden kann.

Aber: so ist es nicht. Nie hat über mir der Himmel in dieser Weise offen gestanden wie über den Hirten von Bethlehem.
Ich empfinde mein Leben oft als Suchbewegung: Kann ich dem Glück vertrauen? Wie gehe ich um mit einer Herausforderung, mit der ich nicht gerechnet habe? Und wie bewältige ich das Schwere, das ungefragt in mein Leben einfällt?
Klarheit zu gewinnen, ist für mich oft ein mühsamer Prozess, bei dem es keine Garantie gibt, dass er gelingen wird. Manchmal bin ich ein gutes Stück gegangen und weiß trotzdem nicht, ob der eingeschlagene Weg zum Ziel führt.

Und doch kenne ich auch die anderen Momente, in denen ganz deutlich wird, welcher Weg gut ist. Was das Richtige für mich ist, liegt klar vor mir wie ein Abglanz jenes Lichtes, das die Hirten sahen.

Dann fürchte ich mich manchmal auch sehr. So wie die Hirten im ersten Moment, als die Klarheit des Herrn sie traf.
Wie gut, wenn sich ein „Fürchte dich nicht!" hinzugesellt, eine Verheißung oder gar eine Vision.
Der Weg mag dann immer noch dunkel erscheinen. Aber Klarheit, Verheißung und Engelswort sind genug, um ihn unter die Füße zu nehmen und loszugehen ins Unbekannte, ins Leben.

Wer sagt denn …

Wer sagt denn, dass der Himmel klar war und die Sterne funkelten, damals in dieser Nacht?
Vielleicht regnete es und die Hirten wurden durchweicht bis unter die Haut. Und sie froren vor Nässe und Angst und suchten Schutz bei den Schafen.
Vielleicht klang der Gesang nicht die Erde entlang und der Himmel riss gar nicht auf über allen. Der Furchtsamste nur sah oben ein Licht, gerade in dem Augenblick, als einer neben ihm sagte: Fürchte dich nicht. Und die Worte durchdrangen das Dunkel bis unter die Haut.
Da begann er, vor Freude im Regen zu tanzen. Und er sang dabei wieder und wieder:
Fürchte dich nicht. Und riss alle anderen mit auf den Weg zum Licht. Und sie fanden am Rande den Stall und das Kind.

Am Wegesrand

Ich wünsche dir
die Verwegenheit,
Wunder zu erwarten.

Mitten im Alltag
am Wegesrand.

Weihnacht

Klingt auch heute
vom Himmel ein Singen:
Fürchte dich nicht!

Über dir scheint
ein Engel zu schweben.

Tritt aus dem Dunkel.
Stell dich dem Licht.

Ankommen im Stall

Außerhalb der Mauer

Der Stall: Er
steht außerhalb der Mauer;
dort, wo die schwarzen
Schafe grasen,
im Rücken den Stern,
der unbeirrbar und
auf sanfteste Weise
sein Licht über sie legt
wie eine Decke.

Erich Fried: Weihnachtslied

Im Jahr 1947 hat der Dichter Erich Fried ein „Weihnachtslied" geschrieben, das sich so anhört:

Weihnachtslied

Eine Streu von Stroh
Eine Wand von Wind
Eine Woge als Wiege
Ein Kind

Ein Schwamm voller Essig
Eine Kammer voll Gas
Eine Waage am Wege
Eine Grube im Gras

Eine Gasse voll Dirnen
Eine Gosse voll Wut
Eine Stirne voll Dornen
Eine Mutter voll Blut

Eine Streu von Stroh
Eine Wand von Wind
Eine Woge als Wiege
Ein Kind

(Erich Fried, Weihnachtslied, aus: Gesammelte Werke, Band 1, © Verlag Klaus Wagenbach, Berlin 1993, S. 552.)

Schlicht und kurz sind die Zeilen dieses Gedichtes. Melodisch und rhythmisch der Klang.
Als wiege der Dichter ein Kind.

Doch die Worte lassen erahnen, dass die Umstände, unter denen dieses Kind geboren wird, eher widrig sind als idyllisch.

In die Bilderwelt, die uns mit Wiege und Stroh und Kind an Weihnachten erinnert, mischen sich Störungen. Die Passion Jesu klingt an: ein Schwamm voller Essig wird ihm am Kreuz gereicht.
Eine Stirne voll Dornen: denn man hat ihm eine stachlige Krone auf den Kopf gedrückt.
Vom „Damals" springt das Gedicht in die Geschichte und erinnert an die Konzentrationslager der nationalsozialistischen Zeit: Eine Kammer voll Gas, eine Grube im Gras.
Und auch Töne, die das benennen, was heute geschieht, kommen hinzu. Eine Gasse voll Dirnen, eine Gosse voll Wut.

Gemeinsam ist diesen Bildern, dass sie nicht schön sind. Sie rufen Schmerz, Entsetzen und Grauen hervor. Und darin, am Anfang und am Ende: ein Kind.
Als käme das Kind, das damals geboren wurde, auch heute wieder und wieder zur Welt.
Und einer ist da, der seine Not sieht, seine Schreie hört und es in den Arm nimmt. Hin und her wiegt er es, her und hin, so lange, bis es still wird und bis auf den Grund getröstet ist.

Welchen Glauben dieser Mensch hat, darauf kommt es nicht so sehr an. Wichtiger ist, dass er einen Blick hat für den anderen, der ihn braucht und dass er in seinem Hilfeschrei den Schrei der Erde und den Schrei Gottes vernimmt.
Entscheidend ist, dass er den Mut aufbringt, der manchmal nötig ist, um einem anderen zu helfen oder ihn zu retten.
Erich Fried selbst war Jude, religiös war er nicht. Hier hält er das Kind und wiegt und tröstet es mit seinen Worten.

Alle Jahre wieder

Alle Jahre wieder
singen wir neu
die alten Lieder

vom Kind,
in dem Gott
zur Erde kommt

und hilflos und hungrig
nach Frieden schreit
und nach Hoffnung
und Licht.

Alle Jahre wieder
das Kind – sein
hungriger Schrei.

Alle Jahre wieder
die Frage
an dich und mich.

Josef, die Randgestalt

Besser als gar keinen Oscar. So mag mancher denken, der den Oscar für die beste Nebenrolle erhält. Wie aber ist es im Leben mit den Nebenrollen?

Ich denke an Josef. Einen ersten kleinen Auftritt hat er, als er sich auf den Weg nach Bethlehem macht. Mit Maria, der unter ominösen Umständen schwanger Gewordenen. Josef hält zu ihr und meistert mit ihr den beschwerlichen Weg.
Als sie endlich am Ziel ihrer Reise ankommen, wird ihnen im überfüllten Bethlehem ein Stall zugewiesen als Unterkunft für die Nacht.

Die nächste Szene zeigt Josef im Stall. In der Bibel ist sie nicht ausgeführt und doch ist sie bekannt. Zahlreiche Krippenspiele malen sie aus: Das Kind ist geboren, der Raum voller Menschen. Josef steht meist am Rand – in dunklen Kleidern, auf dem Kopf einen Hut – und sieht ein wenig verloren aus.
Das Rampenlicht fällt auf die anderen: in der Mitte die Krippe, das Kind darin. Maria, die ihrem Erstgeborenen liebevoll über den Kopf streicht.
Im Halbrund um sie herum und deutlich zu sehen die Hirten, den Glanz des Himmelslichtes noch im Gesicht, und die Sterndeuter mit ihren leuchtenden Gewändern.
Josef aber, den bemerkt man kaum, dort hinten, abseits im Schatten wird er fast verschluckt von der Dunkelheit.

Seine Stunde kommt, als die Hirten und Weisen gegangen sind. Das Licht ist erloschen, Finsternis legt sich auf das Land. Auch im Stall wird es nun still.
Josef aber wälzt sich unruhig auf seiner Liegestatt hin und her. Obwohl er schläft, ist etwas in ihm hellwach. Er vernimmt die Stimme eines Engels im Traum.

Das Leben des Kindes sei bedroht, sagt der Engel. Und er fordert Josef auf: „Steh auf, nimm das Kindlein und seine Mutter mit dir und flieh nach Ägypten" (Matthäus 2,13).
Josef handelt sofort: Mitten in der Nacht weckt er Maria und beide machen sich mit dem Neugeborenen auf den Weg.

Josef kennt seinen Platz. Und wenn er gebraucht wird, fragt er nicht lang. Dann ist er da.
Ganz und gar. Er ist gesegnet mit einer feinen Wahrnehmung und mit der Gabe, das Wichtige vom Unwichtigen zu unterscheiden.

Immer im Mittelpunkt stehen, das muss gar nicht sein. Auch die Nebenrolle will sorgsam gespielt sein. Selbst, wenn ich keinen Oscar dafür bekomme, will ich aufmerksam sein. Abseits des Rampenlichts will ich das mir anvertraute Leben fördern, hüten und bewahren.

Gerade heute

Gerade heute,
in diesen Tagen voller Licht,
schenke du uns,
menschgewordener Gott,
offene Augen
für die im Dunklen.

Gerade nun,
wo das Lied von Frieden
schon über die Felder weht,
schenke du uns,
versöhnender Gott,
empfängliche Ohren
für jene, die leiden
unter Krieg und Gewalt.

Gerade jetzt,
wo eine Ahnung vom Himmel
in unser Sehnen fällt,
leg du uns,
schöpferischer Gott,
deine Worte in den Mund
und lass uns
wieder und wieder
einander sagen:
Fürchte dich nicht!

Himmelskind

Ich wünsche dir,
dass du gelegentlich
den Stall aufsuchst,
in dem deine ausgelagerten Wünsche
ihr Schattendasein fristen.

Vielleicht kommt gerade dort
ein Himmelskind zur Welt,
das deine Sehnsucht
wiegt und weckt
und deine Träume wärmt
mit seinem Licht.

Geburtstagsparty

Eines Tages, im Jahr 2084, gerät ein Mann in Frankfurt am Main in eine große Party. Niemand scheint sich daran zu stoßen, dass er dort ist, unbehelligt mischt er sich unter die Menschen. Es gefällt ihm, das Essen ist reichhaltig; es gibt Gans und Karpfen, Kartoffelsalat und Knödel, Plätzchen und Marzipan.

Er genehmigt sich ein Glas Sekt, das macht ihm Lust auf ein Gespräch. Sein Blick fällt auf eine Frau, die ein wenig abseits steht, er geht auf sie zu, um sie anzusprechen.

„Hallo“, beginnt er vorsichtig und lächelt zaghaft. Schließlich will er sie nicht verschrecken. Sie lächelt zurück. „Hallo“, sagt sie freundlich.

Nachdem sie ein paar höfliche Worte gewechselt haben, sagt der Unbekannte: „Ich bin eher zufällig hier. Ehrlich gesagt, weiß ich gar nicht, warum gefeiert wird.“

„Na, es ist doch Weihnachten“, sagt sie. „Hast du nicht den Tannenbaum gesehen, dort hinten?“ Sie deutet mit der Hand in die Mitte des Raumes. „Ich finde, er ist wunderbar geschmückt. Die Kerzen sehen wie echt aus, sie flackern sogar.“ – „Ja“, entgegnet der Mann, „sieht toll aus, das finde ich auch.“ Verträumt schaut er auf die Blautanne mit ihren roten Kugeln und den unruhig leuchtenden Kerzen.

„Weihnachten“, sagt er.

„Die Menschen beschenken sich gegenseitig“, erläutert sie. „Vorgestern waren fast alle von uns bei ihren Familien. Da war ja der Heilige Abend. Am zweiten Weihnachtstag treffen wir Studierenden uns immer, um miteinander zu feiern.“

„Heiliger Abend“, sagt der Fremde, „das klingt interessant. Warum denn ‚heilig‘?“

„Hm, das weiß ich auch nicht genau“, antwortet die Frau. „He, Marc“, ruft sie einem Mann in der Nähe zu, der sich gerade ein Glas Weißwein einschenkt. „Weißt du, warum es ‚Heiliger Abend‘ heißt?“

„Nee, weiß ich nicht“, sagt Marc mit schon etwas verschwommener Aussprache.

Nun will die junge Frau es doch genauer wissen. Sie geht herum und fragt einen nach dem anderen, warum es „Heiliger Abend" heißt. „Keine Ahnung", meint einer. „Ist das so wichtig?", meint eine andere. „Frag doch mal Matthis", sagt sie, „der weiß so was fast immer."
„Matthis ist der da hinten", sagt die junge Frau und zeigt auf einen Mann mit langen, blonden Haaren. „Komm, wir fragen ihn mal." Gemeinsam drängen sie sich durch.
„Es ist eigentlich mal eine Art Geburtstag gewesen", sagt Matthis, „von einem, der Gottes Kind gewesen sein soll, deshalb wohl ‚heilig'."
„Und wann soll das gewesen sein?", fragt sie. „Genau weiß ich das nicht, ist aber schon Ewigkeiten her", entgegnet er. „Ich glaube, sogar schon vor Christus."
Das Mädchen schaut den Unbekannten an. „Mehr werden wir im Moment wohl nicht herauskriegen", lacht sie.
Der Mann bedankt sich. „Es war toll bei euch", sagt er. „Die Idee mit dem Schenken gefällt mir. Aber nun muss ich weiter, draußen warten noch andere Menschen auf mich."
„War schön, dich kennenzulernen", sagt sie. „Ich bin übrigens Marie."
„Marie", sagt er, „fast so wie meine Mutter. Sie heißt Maria. Und mein Name ist Jesus."
Dann dreht er sich um, um weiterzuziehen.

Gedenktag für einen Zweifler

In der dunkelsten Zeit kommen die Zweifel. Ob deshalb der 21. Dezember zum Gedenktag des Apostels Thomas wurde? Der 21. Dezember ist der kürzeste Tag des Jahres, auf den die längste Nacht folgt.

Ein Gedenktag für einen Zweifler im Advent. Er sagt mir: Auch Fragen und Skepsis gehören in diese Zeit. Und tatsächlich gibt es wohl keinen Glauben, der unangefochten wäre; kein Leben, dem existenzielle Fragen erspart blieben, und keinen Menschen, dem nicht zuweilen durch Zweifel und Fragen der Boden unter den Füßen entzogen würde.

Wer ins Zweifeln gerät, erlebt dies tatsächlich oft in einer düsteren Zeit. Meistens überkommen einen die bedrohlichen Fragen in einer ohnehin schwierigen Situation. Sie gesellen sich zu Schmerz oder Trauer, zu Sinnkrisen, Krankheiten oder Umbrüchen im Leben.
Der Zweifel trennt mich dann von den Überzeugten, die einen festen Stand mitten im Leben haben. Selbst wenn sie sich nicht abwenden, sondern mich in ihre Mitte nehmen (was keineswegs selbstverständlich ist), fühle ich mich allein, tröstende Worte und stärkende Gesten haben es schwer, zu mir durchzudringen.
Alles steht infrage und auf dem Spiel: die eigene Identität und der Glaube an Gott, die Interpretation der gemeinsamen Vergangenheit und auch die Zukunft.

Wer zweifelnden Menschen aufmerksam zuhört, der vernimmt oft kluge, brennende Fragen. Sie rühren an das, was sonst unter der Oberfläche schlummert. Das kann verunsichern und wehtun.
Aber: wer sich einlässt und den Fragen und Zweifeln auf den Grund geht, dem begegnen auch ihre Kehrseiten:
Sie eröffnen die Möglichkeit, mich zu verändern, und helfen mir, neue Wege zu erkennen, sie lassen mich den Glauben anders begreifen und neue Bilder und Worte dafür finden. Sie vertiefen mein Vertrauen ins Leben.

Mein Glaube wird tragfähig und glaubwürdig, wenn er auch dunkle Wege durchschritten hat. Gerade dann entwickelt er eine leuchtende Kraft.

Oft sind Zweifler*innen bekämpft und aus der Gemeinschaft ausgestoßen worden, nicht nur unter Glaubenden, auch in anderen Gruppen oder Organisationen. Manchmal ist es immer noch so. Zweifelnde verstören, sie können andere anstecken mit ihren Fragen und so die festgefügten Bilder oder Gedankengebäude ins Wanken bringen.
Viel wäre gewonnen, wenn wir die Skeptiker*innen willkommen heißen als Menschen, die wichtige Fragen stellen; wenn wir sie in die Mitte nehmen, so wie die Jünger*innen damals Thomas in ihre Mitte genommen haben, und wenn wir uns mit ihnen auf den Weg machen, statt sie auszuschließen.

Zweifler*innen gehen durch eine riskante Zeit, von der man nicht sagen kann, ob sie gut ausgeht. So mag es tatsächlich richtig sein, dass seliger wohl jene sind, die nicht sehen und doch glauben (siehe Johannes 20,29). Doch Jesus verdammt auch die anderen nicht:
Er erlaubt Thomas, den Finger in seine Wunde zu legen. Er vertraut ihm und geht davon aus, dass Thomas behutsam und zärtlich sein wird. Für beide ist dies eine Schlüsselszene ihrer Freundschaft. Ein bewegender Moment, nach dem sie anders, tiefer miteinander verbunden sein werden als bisher.

In der längsten, dunkelsten Nacht kommen die Zweifel. Sie können einen isolieren, ja, geradezu in Todesnähe bringen. Am 21. Dezember werden wir erinnert an den Apostel Thomas, unseren zweifelnden Bruder.

Drei Tage später feiern wir die Geburt eines Kindes, das – zum Mann geworden – in den Abgrund des Todes steigt. Um nach drei Tagen zurückzukehren und uns behutsam an sich zu ziehen, ins Leben.

Über allem: die Liebe

Ob auch die im Nicht-Glauben so Sicheren gelegentlich ins Zweifeln geraten? Jene, die so felsenfest überzeugt sind davon, dass es weder einen Gott noch einen Himmel geben kann?

Ob sie ins Zweifeln geraten, etwa, wenn ein Kind geboren wird und sie vor dem stehen, was man ein Wunder nennen könnte?
Oder wenn sie in einem Unglück bewahrt werden und das erleben, was man den Anflug eines Schutzengels nennen könnte?

Nicht, dass ich jemanden bekehren oder ihm ein triumphierendes „Siehst du!" entgegenhalten möchte.

Mir scheint nur, dass Zweifel an der eigenen Ansicht einen Menschen warmherziger und einfühlsamer machen gegenüber denen, die anders denken als er selbst.

Jeder Absolutheitsanspruch hingegen wirkt sich schädlich aus; sowohl der der allzu überzeugten Gläubigen als auch jener der allzu sicheren Nicht-Gläubigen. Er verhärtet den, der ihn vertritt. Er macht intolerant, verbissen und oft genug auch militant. Er richtet Grenzen auf, statt sie abzubauen und bringt manchmal sogar Hass und Gewalt in die Welt.

Und darum fände ich es zu begrüßen, wenn Glaubende gelegentlich ins Zweifeln und Zweifelnde gelegentlich ins Glauben kommen.

Dass die Deutung der Wirklichkeit auf vielfältige Weise möglich ist, darüber wünsche ich mir eine Übereinstimmung. Dass Skepsis zu würdigen ist und Entwicklung zu begrüßen.

Und eine Ökumene all jener Menschen, denen die Liebe das größte Gebot ist und Solidarität die daraus folgende unablässige Konsequenz.

Heilige Nacht

Jede Nacht, in der
ein Licht aufscheint
über denen draußen im Dunkel.

Jede Nacht, in der
einer dem anderen sagt:
Fürchte dich nicht.

Jede Nacht, in der
der Engel in dir und mir
hell zu leuchten beginnt.

Jede Nacht, in der
Gott zur Welt kommt
in einem Menschen.

(Tina Willms, Dem Frieden hinterher. Inspirationen zur Jahreslosung und den Monatssprüchen 2019. © 2018 Neukirchener Verlagsgesellschaft mbH, Neukirchen-Vluyn.)

An der Krippe stehen

Ich steh an deiner Krippen hier
(zu EG 37)

Von nah und fern sind sie gekommen. Maria und Josef aus Nazareth. Das Kind, ein Wunder aus einer anderen Welt. Die Hirten von den Feldern vor der Stadt. Die Weisen aus dem Morgenland.

Am Heiligen Abend stelle ich mich dazu. Wie viele vor mir überspringe ich die Kluft der Zeit. In dieser Nacht scheint das möglich zu sein.
War nicht schon damals die Zeit seltsam aufgehoben, diese Nacht aus ihr herausgefallen in die großen Hände Gottes?

„Ich steh an deiner Krippen hier." Auch Paul Gerhardt hat vor über dreihundert Jahren die Kluft der Zeit übersprungen, als gäbe es ihre Grenzen nicht. Und so er ein Lied gedichtet, in dem er sich einfach dazustellt, in den Stall, an die Krippe, neben Hirten und Weise.

Er macht es wie sie: Er beschenkt das Kind. Nicht mit Gold, Weihrauch und Myrrhe, sondern mit sich selbst:
„Nimm hin, es ist mein Geist und Sinn, Herz, Seel und Mut, nimm alles hin“, bittet er das Kind in der Krippe.
Verzückt schaut er es an. Eine Liebeserklärung sind die Worte, mit denen er es besingt. Auch sie heben die Grenzen auf, die die Zeit uns setzen will.
Was das Kind bewirkt, reicht bis in die Gegenwart hinein:
Es fällt als Sonne in die Todesnacht, es bringt Licht, Leben, Freude und Wonne. Nicht zu fassen ist seine Liebe, und so dichtet Paul Gerhardt:
„O daß mein Sinn ein Abgrund wär und meine Seel ein weites Meer, daß ich dich möchte fassen!“

Am Ende des Liedes steht eine seltsame Wende. Nun ist es nicht mehr der Dichter, der das Kind beschenken will. Er bittet vielmehr darum, dass es ihn begleitet und in sein Leben einzieht: „So lass mich doch dein Kripplein sein, komm, komm und lege bei mir ein dich und all deine Freuden.“

Am Heiligen Abend stelle ich mich zu Paul Gerhardt und singe sein Lied mit ihm.
Bewegt und angerührt stehe ich dort mit vielen und schaue auf das besondere Kind, das sein göttliches Leben mit unserem menschlichen Leben verbindet. Die Trennlinie zwischen Himmel und Erde ist durchlässig geworden in dieser Nacht. Gott zeichnet sich in die Welt ein, in das Leben, bis heute.
Mitten unter uns lebt er als Mensch und geht doch weit über unser Leben hinaus.
In der Zeit sind wir einen Moment lang schon aus ihr herausgefallen. Nicht in einen Abgrund, sondern in die großen Hände Gottes. Aufgehoben sind wir, damals und heute, an der Krippe und auf dem Weg, aufgehoben mitten im Leben in ihm.

Kniefall

In dieser Nacht
kniet der Himmel nieder.

Neigt sich zu denen,
die am Boden sind.

Schaut den Gebeugten
ins Gesicht.

Richtet auf
die Gefallenen.

Erhebt eure Häupter,
sagt er.
Seht nur, das Licht.

Hört doch! Die Engel –
sie singen:
„Fürchtet euch nicht!“

(Tina Willms, Im Glauben: Zweifel – Im Zweifel: Glauben. Inspirationen zur Jahreslosung und den Monatssprüchen 2020.

An der Krippe

Hirten sind gekommen. Und Könige.
Maria und Josef. Ochse und Esel.
In der Mitte die Krippe. Darin das Kind.
Über allem ein seltsamer Glanz.

In Gedanken stelle ich mich dazu.
Was bringe ich mit an diesem Abend?
Was möchte ich diesem Kind schenken?
Was ablegen bei ihm?

Gott hat sich zu uns auf den Weg gemacht.
Ist zu uns gekommen in einem Kind.
Und ich?
Bin ich angekommen bei ihm?

Gott über allem

Undenkbar, dass an der Krippe geschwatzt und geschnattert wurde, dass belanglose Worte fielen oder gar Stimmen sich erhoben zum Streit.
An der Krippe war Schweigen.
Kein peinliches Schweigen, bei dem alle etwas errötend zu Boden schauen. Keine Stille, die entsteht, weil man sich nichts mehr zu sagen hätte.

Es gibt diese Momente, da verbietet sich jedes Wort. Und es entsteht ein Schweigen, das alle erfüllt und verbindet.

Sie sind das, was man „heilig" nennen könnte.

Erhaben über Raum und Zeit. Und doch mitten in der Welt.
Herübergeweht aus einer anderen Sphäre. Und doch uns Irdischen geschenkt. Die Frage nach einem Sinn stellt sich nicht, weil ihre Antwort offen zutage tritt.
Offenbarungsmomente, ja.
Man vergisst sie nicht, sondern trägt sie als Schatz mit sich herum. Ein Leuchten im Inneren, von dem man zehren kann und das zugleich nach außen strahlt. Denn es verbraucht sich nicht.
Solche Momente verändern etwas. Den Augenblick. Die Stunde. Manchmal das ganze Leben. Zuweilen sogar die Welt.
Ich stelle mir vor, dass alle, die dort an der Krippe waren, eines verband. Sie hatten erfasst, was mehr als 1600 Jahre später der an einem Weihnachtstag getaufte Dichter Angelus Silesius so ausdrückt:

„Gott ist so über all's, dass man nichts sprechen kann,
drum betest du ihn auch mit Schweigen besser an."

(Angelus Silesius, Der cherubinische Wandersmann, Diogenes, Zürich 1979, S. 50.)

Schweigegebet

Amen.

Adventrede
(Resonanzen auf ein Gedicht von Jesse Thoor)

Und die Bewegtheit des Herrn ist ohne Groll und von großer Dauer.
Kein Groll, kein Donner, keine Zornesflut, wie es damals war. Jetzt ist es anders, jetzt gibt ein Sehnen den Ton an. Sie macht einen neu, die Liebe, wenn sie ein Kind erwartet. Und Gott träumt einen Anfang und wünscht sich, zu bleiben und nie zu vergehen.

Und seine Gerechtigkeit hört nicht auf, und seine Güte bleibt ewig.
Und er verleiht seiner Liebe Verlässlichkeit: Gerechtigkeit lässt er die Zeiten durchqueren – über Felder von Hoffnung und Berge von Angst. Und seine Güte wandert erkennbar den Himmel entlang, so weit die Gedanken reichen.

Und darum entfernen wir gern die Bitterkeit wie ein enges Gewand.
Und ich rufe: Hier bin ich: Sieh mich an!
Sieh mein Gewand, dieses Kettenhemd, gewebt aus Worten, die mein Leben verengen. Es lässt mir kaum Luft und schützt mich doch.
Nimm es behutsam von mir. Erst wenn es fort ist, gab ich es gern.

Und die Trauer legen wir ab wie einen Mantel im Frühling.
Und sieh den Mantel, unter dem ich so weich und verwundbar bin. Auf meiner Seele liegt schwarzer Schnee. Ich schlinge die Trauer um mich, als halte sie mich warm.
Umwirb mich mit deiner Nähe und lass mir Zeit. Es kommt der Tag, da liegt der Mantel schwer auf den Schultern. Dann lege ich ihn ab und tausche ihn gegen ein blaues Kleid.

Und mit viel Sorgfalt nehmen wir die Einsamkeit von unserer Stirn.
Und sieh die Einsamkeit, die wie ein Mal ist auf meiner Stirn. Auch ich erzähle die alten Geschichten von Streit und Misstrauen und Neid und wünsche mir doch einen neuen Schluss. Und sehne mich nach einem, der mir mit leichter Hand das Mal von der Stirne streicht.

Und wir weisen unsere Aufmerksamkeit hin zu den einfachen Dingen.
Dann werde ich befreit auf dem Weg der Träume gehen: Die einfachen Dinge weisen ihn an:
Dann riecht es am Wegrand nach Brot, das einer dir reicht. Und du spürst im Wind auf der Wange den Kuss vom Morgen. Dann ruht dein Blick sich auf Rosen aus. Und im Lachen des Kindes schwingt mit, wer du einmal warst und noch bist.

Und wir verlassen uns auf das Dach, das keinen Regen durchlässt.
Dann höre ich neu den Trommelschlag, höre den Regen. Ich singe dazu in meinem zerbrechlichen Haus mein eigenes, mein verwehendes Lied.

Und wir vertrauen dem Stuhl, der fest steht und der uns trägt.
Dann bau ich mein Nest in Vergänglichkeit. Und bewohne meine Zeit, als gehörte sie mir.

Und es kommen wieder zu uns die täglichen Wiesen und die Sonntage.
Dann kehr ich zurück in die Tage der Kindheit. Und am Abend ruft mich die Glocke mit ihrem vertrauten Ton nach Haus.

Und die Salamander mit den seidenen Strümpfen und goldenen Hemden.
Dann hör ich dein Wort von Wundern erzählen. Winterstarres wird warm und erwacht. Dann schält sich die Welt aus dem engen Hemd.

Und auch die Lämmer und die Zicklein … meine gnädigen Freunde.
Dann beginnt an den Rändern des Winters das Leben zu blühen und der Tag ist gesäumt von Bändern aus Licht. Dann streift sich das Leben ein Festkleid über und schmückt sich für den, der da kommt.

Und die Lieder der Hirten … und die Gebete der erwachenden Frauen.
Einer ist da, der schlägt den Bogen: vom Dunkel zum Licht, vom Gesang der Engel über den Feldern bis zum Morgen, an dem drei Frauen den Leichnam nicht fanden. Einer lässt finden, was wir nicht suchen, einer bietet dem Tod die Stirn. Er sagt es mit seinem Leben: Fürchte dich nicht.

Und es brechen die Tore auf … und es treten hervor die Erkennbaren.
Die Tore des Todes offen, fort der Stein, der das Herz beschwert. Über den Gräbern ein heller Schein, Gestalten in glänzenden Kleidern, ein Hoffnungswort. Der Morgen verwischt sorgsam die Nacht. Und über Feldern und Gräbern singen die Engel ihr Lied: Denn euch ist heute der Heiland geboren.

Und sie stehen makellos da … und sie breiten ihre Flügel aus.
Alles ist anders, alles verwandelt, da sind sie, umleuchtet von Klarheit, fremd und vertraut. Mit ihren zerbrechlichen Flügeln, sie falten sie auf, werden weit. Spürst du den Luftzug, den neuen Atem der Welt?

Verwandelt

Staunen hat ihnen
die Sprache verschlagen.
Stille breitet sich aus
wie ein Licht.

Frieden hat sie
friedlich gemacht.
Ein König reicht
dem Hirten die Hand.

Engel haben ihnen
ein Lied gesungen.
Sie gehen verwandelt
in ihren Tag.

Waldweihnacht

Weitersagen: 24.12., 23 Uhr, Treffen am Waldrand auf dem Parkplatz, bitte bringt etwas Baumschmuck mit. So hatte ich zwei Tage vor Weihnachten über die sozialen Medien an einige Freund*innen geschrieben. Nun trudeln sie ein. Pia und Martin, Elisabeth und Kathrin, Peter, Kerstin, Ben und Marie. Kleine und Große tummeln sich auf dem Parkplatz, siebenundzwanzig Menschen sind es am Ende.

Dann gehen wir los, den schmalen Weg entlang, der sich den Berg hochschlängelt. Die Kinder erzählen von ihren Geschenken, die Großen schweigen, als atmeten sie durch.

Nach einer Viertelstunde erreichen wir unser Ziel. Am Rande des Waldes steht eine Fichte, nicht allzu hoch gewachsen. Nun packen alle ihre Taschen und Rucksäcke aus.

Zuerst die Lichterketten, sagt einer. Dann kommt jeder an die Reihe, nacheinander hängen wir an den Baum, was wir mitgebracht haben. Vorsichtig wickeln Pia und Martin ihre Kugeln aus, silberne und rote, Kerstin hat goldene mitgebracht, glänzende und matte. Ben und Marie schmücken die Fichte mit selbst gebastelten Sternen aus Stroh. Holzfiguren und Engelshaar, ja, auch etwas Lametta: alles kommt nach und nach an den Baum.

Schließlich stehen wir im Kreis darum herum, schweigend, fast ehrfürchtig. Bis Elisabeth ein Lied anstimmt: Wisst ihr noch, wie es geschehen? Dann gibt es ein Wunschkonzert. Am Weihnachtsbaume die Lichter brennen, Ich steh an deiner Krippen hier, Ihr Kinderlein kommet, Hört der Engel helle Lieder. Manchmal singt einer eine Basslinie oder eine Oberstimme dazu. Die Stimmen und die Gesichter leuchten.

Einen Moment lang stelle ich mir vor, dass jemand von unten nach oben schaut und sich wundert über den Baum, der am Waldrand leuchtet, dort, wo kein Haus mehr steht und es gestern noch so dunkel war. Dass jemand den Klang hört, der leise hinunterweht und über den Häusern der Stadt schwebt. Stille Nacht, heilige Nacht.

Die nur an Weihnachten kommen

Wieder keinen Platz bekommen im Gottesdienst. Am Heiligen Abend sind sie ja plötzlich alle da, mit Kind und Kegel fallen sie in die Kirche ein.
Da ertappen manche, die regelmäßig zum Gottesdienst gehen, sich wohl bei nicht eben freundlichen Gedanken:
Die überbrücken doch nur die Zeit bis zur Bescherung! Wissen sie denn nicht, wie sie sich zu benehmen haben? Muss man sich unterhalten, während die anderen singen? Und der Typ da, der die ganze Zeit am Smartphone spielt: Hätte er doch zu Hause bleiben sollen!

Andererseits: Es ist Weihnachten. Laut und vernehmlich wird am Heiligen Abend vom Frieden gesprochen.
Vielleicht könnte ich einmal versuchen, die unfriedlichen Gedanken verwandeln zu lassen? Und mich davon überraschen zu lassen, was geschieht? Ich stelle mir vor, was passieren könnte:
„Friede auf Erden", höre ich eine innere Stimme sagen, ich lausche ihr und atme einige Male aus und ein.
Dann schaue ich mich um, zum zweiten Mal.

Da ist ein aufgeregtes Mädchen, Vorfreude leuchtet in ihrem Gesicht.
Neben ihr sitzt angerührt der Vater, verstohlen wischt er sich über die Augen, als wir singen: Euch ist ein Kindlein heut geborn.
Ob er an die Geburt des Mädchens denkt, das nun aufgeregt neben ihm sitzt und die Hand in seine geschoben hat?
Oder er erinnert sich an die Weihnachtsabende der eigenen Kinderzeit. Als die Welt etwas heiler erschien als heute.

Und auf der anderen Seite: Die alte Frau, die allein gekommen ist. Ihre Lippen bewegen sich, als die Weihnachtsgeschichte gelesen wird. Einmal hat sie sie auswendig gelernt. Wie mag der Abend für sie weitergehen? Wird sie im Kreis einer Familie feiern? Oder wird sie für sich sein und ihr

Alleinsein heute besonders spüren? Nun ist sie hier, etwas an diesem Gottesdienst, an der alten und doch immer neuen Geschichte zieht sie an. Die fremden, manchmal unbeholfenen, manchmal auch nervenden Menschen. Ich sehe sie an, und durch ihre Augen schaue ich neu auf das, was ich zu kennen meine.
So, wie ich anders auf ein Bild sehe, das ein Gast lange ansieht und bewundert. Es hängt schon immer in meinem Haus und ich gehe achtlos daran vorbei, weil es mir selbstverständlich geworden ist.
Nun bleibe ich davor stehen, blicke es genau an und entdecke manches, was ich noch nie bemerkt habe. Ja, es ist ein schönes Bild.

Ja, es ist eine wunderbare, Menschenherzen wendende Botschaft. Sie löst Sehnsucht aus, sie ruft Wehmut hervor, und sie weckt Freude.
Auch ich höre die alte Geschichte anders mit meinem neu ausgerichteten Herzen. Angerührt bin ich vom Vater mit seinem Kind. Und von der alten Frau, die nun aufsteht zum letzten Lied.

Oh du fröhliche, oh du selige, gnadenbringende Weihnachtszeit!

Ganz und gar

Himmlischer Gott,
deine Liebe taugt nicht dazu,
sie dankbar anzunehmen,
um sie dann für sich selber zu behalten.

Dein Friede ist keiner,
der sich domestizieren ließe,
um ihn wie ein Haustier zu halten
in warmen Wohnstuben.

Menschenverbundener Gott,
du drängst hinaus in die Welt,
um auszuteilen, was du hast,
um dich zu verschenken,
mit offenen Händen
und weitem Herzen,
ganz und gar.

Füll Hände und Herzen uns
mit Liebe, mit Frieden,
und nimm uns mit.

Heilige Nacht

Nach Hause kommen.
Gott hat
ein Licht ins Fenster gestellt.

Es gleicht einem Stern.

In den neuen Alltag zurückkehren

Nach dem Abspann

Die Komplikationen beginnen nach dem Abspann.
Filme sparen das oft aus. Aber im Leben geht das nicht.
Da fängt nach den schönsten Augenblicken irgendwann der Alltag wieder an.
Als sei nichts gewesen, drängt er sich in das Besondere und verdrängt es. Er stellt seine unabweisbaren Forderungen und zuweilen auch seine unbequemen Fragen und verlangt sein Recht.

Es ist Zeit, den nadelnden Tannenbaum abzuräumen, die Kugeln und Sterne zurückzupacken in Schachteln und Tüten.
Durchfegen und lüften. Nun ist der Platz im Wohnzimmer seltsam leer.
Aber ich weiß: Schon nach einem Tag habe ich mich wieder daran gewöhnt.

Was tun, damit Weihnachten nicht auch eine Leerstelle in meinem Leben wird, an die ich mich schnell gewöhne? Wie kann ich etwas mitnehmen und in die Normalität retten vom Glanz dieser Zeit? Ich möchte so gerne das Herz offen und berührbar halten und nicht verhärten.

Ich nehme zwei Sterne wieder aus der Schachtel.
Einen Strohstern lege ich mir auf den Schreibtisch.
Das Stroh: Es ist nach dem Dreschen auf der Tenne übrig geblieben, ein Rest. Hat auf der Erde gelegen. Ist aufgehoben worden. Ich stelle mir vor, dass es in der Krippe gelegen hat.
Dann hat einer – vielleicht ein Hirtenjunge – einen Stern daraus gemacht.

Der zweite ist aus Transparentpapier. Ich denke an den Stern, der über dem Stall stehen blieb.
In ihm leuchtete die Liebe Gottes, die uns leitet. Sie kann an jedem Tag als Licht in mein Leben fallen und hindurchschimmern durch mich.

Schließlich nehme ich den Engel, den jemand aus dünnem Papier eines Gesangbuchblattes gefaltet hat. Die Lieder der Advents- und Weihnachtszeit klingen nach.
Ein Engel kann mir begegnen, und manchmal kann ich selbst einer sein.

Zwei Sterne und einen Engel rette ich in den Alltag. Der Staub des Alltäglichen wird sich über den Glanz des Besonderen legen.

Die Erinnerung wird ihn zuweilen beiseitewischen. Sie wird eine Brücke ins Heute schlagen:
Gott ist Mensch geworden und über die Erde gegangen. Er ist unterwegs mit uns. Auch nach dem Fest werde ich seine Spuren finden können in der Welt. Und ich werde selbst die ein oder andere legen können. Spuren des Friedens und der Liebe. Ein Jahr lang. Auch nach dem Abspann. Mitten im Alltag.

Advent im Alltag

Dass draußen über der Finsternis ein großes Licht erscheint
und Engel ein Lied singen in verstummte, furchtsame Herzen;
dass an der Krippe alle gemeinsam stehen,
Hirten und Könige, Ochse und Esel und Lamm;
dass am Weihnachtsfest die Worte vom Frieden auf Erden
auch heute manche Waffen zum Schweigen bringen:
all das hält die Sehnsucht wach nach einer anderen Welt.
Eine Sehnsucht, die uns antreibt und Kraft verleiht.
Und wir treten in Jesu Fußstapfen, um Schritt für Schritt
das Gesicht der Erde zu verändern.

Was werden könnte

Im Jahr 2013 installiert der Künstler Christo im Gasometer Oberhausen ein Kunstwerk aus lichtdurchlässigem, weißem Gewebe, das einen Durchmesser von 50 Metern hat und 90 Meter hoch ist.
Es wird mit Luft gefüllt und durch Seile gehalten und geformt. Man kann dieses sogenannte „Big Air Package" von außen betrachten. Vor allem aber kann man sich hineinbegeben und es von innen erleben.
Ein lichtdurchfluteter, runder, weißer Raum: als „Kathedrale" beschreibt Christo ihn.
Farbtupfer kommen durch die Menschen hinein, die klein unter der hohen Wölbung in ihren roten, blauen und violetten, gelben, braunen und grünen Kleidern hin und her gehen. Manche bleiben stehen oder legen sich auf eines der großen weißen Kissen, um eine Weile in den hellen Himmel über sich zu schauen.
Eine leichte Atmosphäre ist hier, selbst, wenn einige Besucher*innen sich unterhalten, scheint es doch still zu sein, und eine fast andächtige Stimmung füllt den luftigen Raum. Ein Ort auf Zeit, vergänglich und filigran, ein Ort zum Staunen, Ausruhen und Innehalten. Ein Ort, um zum Himmel zu schauen.
Die Menschen, die ihn schließlich wieder verlassen, um zurückzukehren in das Alltägliche, sehen ein wenig verzaubert aus.

Ein Gasometer ist ein Gasometer. Ein rundes Gebäude, in dem einmal Gas gespeichert wurde.
Aber es ist auch viel mehr als das, wenn einer es mit Augen ansieht, die dieses „Mehr" sehen können, obwohl es noch nicht da ist. Ein solcher Blick ist der Anfang einer verzaubernden Veränderung.

Die Wirklichkeit ist nicht gegeben und unverrückbar. Sie ist gestaltbar, so wie der Raum des Gasometers in Oberhausen. Auch Menschen sind und bleiben nicht für immer dieselben. In ihnen schlummern unentdeckte Möglichkeiten, durch die sie sich entwickeln und verändern können.

Wenn einer kommt und sieht, was sein könnte, und zeigt, welches Potenzial im ganz Normalen ruht, wenn er es hervorlockt und sichtbar macht, dann verändert sich auch der Blick der anderen.
Wenn einer kommt und sieht, wer wir sein könnten, du und ich, wenn er weckt, was ungelebt in uns ruht, dann beflügelt er unser Wesen und manchmal wachsen wir über uns selbst hinaus.

Solche Augen wünsche ich mir. Sie sehen die Welt und die Menschen mit einem befreienden Blick, der nichts und niemanden festlegt auf das, was gestern war und was heute ist.
Sie haben eine Vision vor sich von dem, was werden könnte: Eine neue Welt inmitten der gewohnten. Ein anderer Mensch als der, den ich zu kennen meine. Eine helle Kathedrale in einem ausgedienten Raum.

(siehe https://www.gasometer.de/de/ausstellungen/christo-big-air-package)

Sichtbarer Segen

Alle Härte,
die gewachsen ist
an den schweren Tagen,
nimm von uns,
guter Gott.

Und wisch auch
die Bitterkeit beiseite,
die eingesickert ist
durch das, was enttäuschend
oder schwer zu verkraften war.

Zünde in uns
dein Licht an,
du Licht der Welt,
damit unser Antlitz
zu leuchten beginnt.

Zeichne uns
mit deinem Segen,
damit er durch uns
sichtbar wird
in Dörfern und Städten.

(Tina Willms, Im Glauben: Zweifel – Im Zweifel: Glauben. Inspirationen zur Jahreslosung und den Monatssprüchen 2020.

Weihnachten gegenwärtig

Gott stellt sich uns Menschen vor: Nicht als unbewegter Beweger, sondern als verletzliches Kind. Nicht allmächtig, sondern ohnmächtig. Nicht fern, sondern nah.

Weihnachten stellt auf den Kopf, was Menschen von Gott zu wissen meinen. Es zeigt, wo wir ihn finden können, bis heute: Ganz unten, mitten im Dunkel, dort, wo Menschen leiden.

Gott stärkt mit einer sanften Kraft all das, was dem Leben dient. Er ist da, wo die Wende zum Guten geschieht. Nicht durch ein überirdisches Wunder, sondern durch Menschlichkeit bleibt Weihnachten gegenwärtig: Wir gestalten täglich das Fest. Sie und ich.

Frieden auf Erden

Vom Frieden auf Erden sangen die Engel über den Feldern von Bethlehem. Was ist daraus geworden, 2000 Jahre später? Ist die Welt friedlicher geworden?

Blicke in die Geschichte und in die Gegenwart lassen mich das bezweifeln.
Vom Frieden ist wenig zu sehen. Wir haben Waffen erfunden, mit denen sich die Menschheit nicht nur einmal komplett vernichten ließe. Bis heute versuchen Menschen gewaltsam, Andersdenkende in den eigenen Glauben zu zwingen. In den Zeitungen liest man an jedem Tag von Mord und Totschlag und die Abendnachrichten verschlagen einem zuweilen die Sprache.
Ich kann verstehen, wenn Menschen sich enttäuscht abwenden vom Glauben, wenn sie Gott verlassen und ihm vorwerfen, dass das Lied der Engel nur ein hohles Versprechen sei.
Es scheint so offensichtlich, dass die Welt sich durch die Vision Gottes vom Frieden auf Erden nicht hat verwandeln lassen.

Zugegeben: Es war eine charmante Vision, mit dem Potenzial, Menschen anzustecken und an sich zu binden. Manchmal aber wirkt es, als habe sie ihre Hoffnungskraft verloren. Als könnten wir sie mitsamt ihrer Worte und Bilder ablegen im Buch der Geschichte.

Das Weihnachtsfest wäre dann ein immer wieder beschworenes, aber illusorisches Idyll. Folklore, schön anzuschauen, jedoch wirkungslos und ohne die Kraft, Not zu wenden, Schmerzen zu lindern und Frieden zu stiften.
Und der Glaube wäre museal geworden, er könnte mit religionswissenschaftlichem und religionshistorischem Interesse betrachtet werden, hätte aber keinerlei Auswirkungen auf die Lebens- und Weltgestaltung im Heute.

Ein lebendiger und glaubwürdiger Glaube ist auf Aktualisierung angewiesen. Es hilft nicht, aufzuzeigen, warum er einmal gut und notwendig war, wenn er es jetzt nicht mehr ist.
Wer glaubt, kommt nicht umhin, sich mit der Wirklichkeit zu befassen, wie sie heute ist, und sie religiös zu erkunden: Wo finden sich Spuren, die hinausweisen über das Vorfindliche? Gibt es Beziehungen zwischen dem, was die Bibel erzählt, und dem, was Menschen gegenwärtig erleben? Lässt sich die Vision Gottes, die in der Heiligen Nacht geboren wurde, ins Heute übersetzen?
Die große Geschichte von damals geht so ein in unsere kleinen Geschichten. Der besondere Moment leuchtet hinein in unsere Tage. Im eigenen Leben. Und darüber hinaus.

Und die große Verheißung vom „Frieden auf Erden"? Wie jedes Versprechen bleibt auch dieses leer, wenn es nicht gestaltet wird: Durch Einzelne, die in ihrem Umfeld für eine wertschätzende Atmosphäre sorgen. Durch die Institution Kirche, die zum Frieden beitragen kann, in den Gemeinden, aber auch im kritischen Gegenüber zur Politik. Und durch Menschen, die sich über Religionsgrenzen hinweg um eine Ökumene derer bemühen, die Versöhnung stiften und sich dafür einsetzen wollen.

„Friede auf Erden": Das Lied der Engel über den Feldern von Bethlehem: Es weht vom Damals ins Heute; doch beschreibt es nicht das Vorfindliche. Es will gestaltet werden.
Es erklingt durch die Zeiten als ein Versprechen, das Gott uns ans Herz legt und uns mit seiner Hilfe zu füllen bittet.

Warum ...

Weil ich nicht leben will
ohne die Träume,
die er geträumt hat
von einer Welt,
in der Kinder den Frieden lernen
und nicht den Krieg,
in der Löwe und Lamm
beieinanderliegen.

Weil ich nicht sein kann
ohne die Bilder,
die er gesehen hat
von uns Menschen:
mehr als gesund, nämlich: heil
und mit lebendigen statt
steinernen Herzen.

Weil ich nicht gehen mag
ohne die Sehnsucht,
die er gespürt hat
nach Gegenüber und Ebenbild,
um sein himmlisches Leben
zu teilen.

Weil seine Träume
wie silberne Fäden
die Tage durchwirken
und seine Bilder
die dunklen Herzen
wenden ins Licht.

Weil seine Sehnsucht
in tote Winkel dringt
und sie belebt.

Weil Träume, Bilder
und Sehnsucht endlich
zu unseren werden
und er durch uns
die Erde verwandelt.

Euch ist ein Kind geboren

Gerührt steht der Vater am Bett seiner winzigen Tochter. Vorsichtig streicht er ihr über die Haut. „Alles schon dran", sagt er. Und nach einer Pause: „Wenn ich darüber nachdenke, was alles vor ihr liegt ..."

Selten ist die Haut so aufgeraut und der Mensch so sensibel wie in den Momenten, in denen es im eigenen Leben heißt: „Euch ist ein Kind geboren!" und in der eigenen Familie oder im Freundeskreis ein Baby zur Welt kommt.

Alles auf Anfang, alles möglich, alles neu. Unberührt die Seiten des Lebens. Kein Streit, keine Enttäuschung und Verbitterung. Offen die Hoffnungen, die Träume und Wünsche.

Ein Kind ist ein Versprechen für die Zukunft, auch an uns, die wir schon einiges an Jahren und Jahrzehnten hinter uns haben. Wir dürfen einen Blick nach vorne werfen, über das eigene Leben hinaus.
Unbeschrieben liegen die Tage da, ein unerschlossenes Land. Das Kind wird es mutig und unbedarft betreten. Es wird wieder aufstehen, wenn es gefallen ist, und uns mit wackeligem Gang entgegenkommen. Ohne jegliche Ahnung, dass man manchmal versucht ist, liegen zu bleiben.
Es wird seine erste Liebe erleben, die Schmetterlinge im Bauch. Ohne erlebt zu haben, wie oft die Liebe über dem Alltag verloren geht.

Wir hingegen, die wir schon einiges hinter uns haben an Erfahrung, wissen, dass kein Leben unversehrt und ohne Narben bleiben wird. Das Kind wird aus seiner Unschuld fallen, möglicherweise wird es ab und an sein Vertrauen verlieren. Und wir werden es vor manch schwerer Erfahrung nicht schützen können.

Aber all dieses Wissen verhindert nicht, dass Kinder geboren werden, an jedem Tag. Wieder und wieder steht ein Vater, steht eine Mutter, stehen wir gerührt am Bett eines Babys und feiern die Hoffnung, dass Neues werden kann und wird.

All das wird aufgerufen an Weihnachten, wenn es heißt: „Euch ist ein Kind geboren!“

Alles auf Anfang, alles möglich, alles neu. Ein Heiland, ein Himmelskind ist es, das in der Krippe liegt. Gottes Sohn kommt zur Erde, um unter uns zu wohnen.

An Weihnachten feiern wir seinen Geburtstag – und mit ihm das Leben. Der Blick, den wir an diesem Tag in die Zukunft werfen, reicht weit über das eigene Leben hinaus. Er streckt sich aus bis in den Himmel und sieht einen zärtlichen Gott, der seine Ewigkeit mit uns teilt.

An der Schwelle

Ich wünsche dir,
dass du an der Schwelle des Neubeginns
deine Zeit dem in die Hände legst,
der an deiner Seite sein wird
und dich auf deinen Wegen begleitet.

Ich wünsche dir,
dass du an jedem Tag
das Vertrauen gewinnst,
gesegnet zu sein
von seiner Liebe,
die bleibt.

Was bleibt

Vor dem Fenster
wechseln die Zeiten.
Der Himmel bleibt.

Quellenverzeichnis

Alle Bibelverse sind entnommen aus: Lutherbibel, revidiert 2017, © 2016 Deutsche Bibelgesellschaft, Stuttgart.

Fried, Erich: Weihnachtslied, aus: Gesammelte Werke, Band 1, © Verlag Klaus Wagenbach, Berlin 1993.

Keegan, Claire: Das dritte Licht, Steidl, Göttingen 2013.

Lindgren, Astrid: Immer dieser Michel, Oetinger Verlag, Hamburg 1988.

Ransmayr, Christoph: Sternenpflücker, aus: Atlas eines ängstlichen Mannes, S. Fischer, Frankfurt am Main, 4. Auflage 2012.

Silesius, Angelus: Der cherubinische Wandersmann, Diogenes, Zürich 1979.

Thoor, Jesse: „Adventrede", aus: Gedichte. © Suhrkamp Verlag, Frankfurt am Main 1975, 2004.

Willms, Tina: Am Wegrand: Ein Wunder. Mit offenen Sinnen durch das Jahr © 2016 Neukirchener Verlagsgesellschaft mbH, Neukirchen-Vluyn.

Willms, Tina: Dem Frieden hinterher. Inspirationen zur Jahreslosung und den Monatssprüchen 2019. © 2018 Neukirchener Verlagsgesellschaft mbH, Neukirchen-Vluyn.

Willms, Tina: Erdennah – Himmelweit. Ein Jahresbegleiter zu den Wochensprüchen. © 2014 Neukirchener Verlagsgesellschaft mbH, Neukirchen-Vluyn, 4. Auflage 2019.

Willms, Tina: Im Glauben: Zweifel – Im Zweifel: Glauben. Inspirationen zur Jahreslosung und den Monatssprüchen 2020. © 2019 Neukirchener Verlagsgesellschaft mbH, Neukirchen-Vluyn.

Willms, Tina: Mit Segenswünschen durch das Jahr, Thomas-Verlag, Leipzig 2013.

Willms, Tina: Wo das Leben entspringt. Inspirationen zur Jahreslosung und den Monatssprüchen 2018. © 2017 Neukirchener Verlagsgesellschaft mbH, Neukirchen-Vluyn.

Willms, Tina: Zwischen Abschied und Anfang, Ein Begleiter durch die Passions- und Osterzeit. © 2020 Neukirchener Verlagsgesellschaft mbH, Neukirchen-Vluyn.

Zusak, Markus: Die Bücherdiebin, © 2008 cbj Verlag, München, in der Verlagsgruppe Random House GmbH, Übersetzung: Alexandra Ernst.

Erwähnte Internetseiten

https://www.gasometer.de/de/ausstellungen/christo-big-air-package. Zugriff am 13.05.2020.

http://www.kunstkopie.de/a/paul_klee/engelimwerden1934204m4-2.html. Zugriff am 13.05.2020.